SIÉGE

DE

LA ROCHELLE

JOURNAL CONTEMPORAIN

(20 Juillet 1627 — 4 Juillet 1630)

AVEC PLANCHE ET FAC-SIMILE

PUBLIÉ

d'après le manuscrit appartenant à M. E. Racaud

LA ROCHELLE	PARIS
A. THOREUX	J.-B. DUMOULIN
Libraire-Editeur	Libraire
1, RUE DU PALAIS, 1.	13, QUAI DES AUGUSTINS, 13

1872

Hommage de l'auteur
De Richemond

SIÉGE

DE LA ROCHELLE

SIÉGE
DE
LA ROCHELLE

JOURNAL CONTEMPORAIN

(20 Juillet 1627 — 4 Juillet 1630)

AVEC PLANCHE ET FAC-SIMILE

PUBLIÉ

d'après le manuscrit appartenant à M. E. Ragaud

LA ROCHELLE	PARIS
A. THOREUX	J.-B. DUMOULIN
Libraire-Éditeur	Libraire
1, RUE DU PALAIS, 1.	13, QUAI DES AUGUSTINS, 13

1872

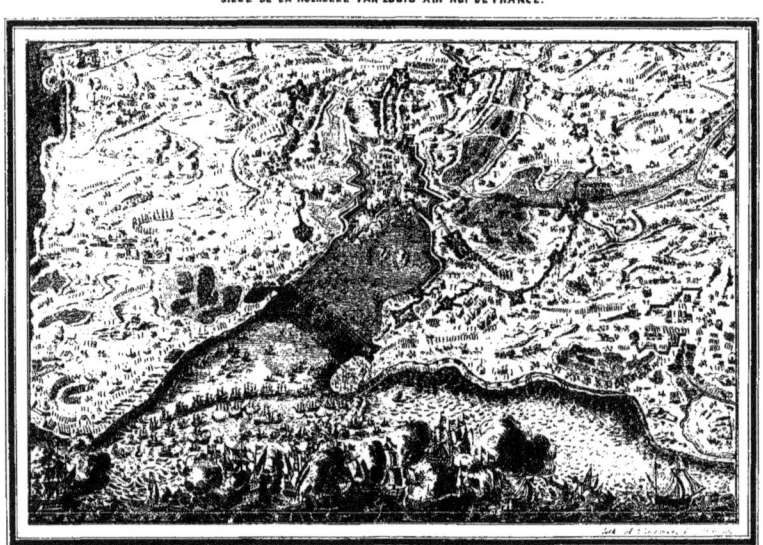

SIÈGE DE LA ROCHELLE PAR LOUIS XIII ROI DE FRANCE.

D'après les gravures du temps, par J. B. Scotin.

Fin d'une série de documents en couleur

A M. PAUL MARCHEGAY

MEMBRE NON RÉSIDANT DU COMITÉ HISTORIQUE

CHEVALIER DE LA LÉGION-D'HONNEUR ET OFFICIER DE L'INSTRUCTION PUBLIQUE.

Respectueuse gratitude,

L. de R.

Trois choses nous paraissent recommander le livre que nous offrons au Public: le sujet, la date, l'auteur.

Le sujet est assez indiqué par le titre.

La date est indiscutable: le récit est contemporain des faits, écrit au jour le jour. Le manuscrit sur lequel nous le publions est une copie contemporaine elle-même de la rédaction; le papier, l'encre, et surtout l'écriture, ne peuvent laisser à cet égard aucun doute.

L'auteur reste inconnu; mais à défaut de son nom, nous pouvons donner avec une grande vraisemblance ce qui importe peut-être davantage: sa position dans la ville. On sait qu'en imprimant une seconde édition de son Journal du Siége, *Pierre Mervault déclare qu'il s'est beaucoup servi pour l'augmenter « de vieux Mémoires qu'on a rencontrés chez l'un de ceux qui avoient assisté aux délibérations du Conseil de la ville pendant ce siége. » Or, plusieurs de ces additions se rencontrent en effet dans notre livre, l'une surtout qui établit presque certainement que ce sont là les mémoires dont Mervault a fait usage ; ce sont les faits racontés sous la date du 10 août 1627, relatifs à une prétendue conspiration contre le duc de Bouquinquan et M. de Soubize. Il est surtout difficile de douter que la note marginale de la page 55 de la seconde édition de Mervault (Rouen 1671), ait été empruntée à notre manuscrit.*

Nous avons donc tout droit de dire que cette nouvelle relation du siége de 1628 a été écrite par un témoin bien placé pour connaître les faits dont il parle.

CONSTRUCTION DU FORT-LOUIS, CONTRAIREMENT AUX TRAITÉS,

CAUSE OU PRÉTEXTE DE LA GUERRE.

Le fort Louis, bâti devant la Rochelle durant la guerre de 1621 et 1622 et qui, par les articles de la paix, devoit être démoli, ne l'ayant toutefois pas été, donna sujet aux mouvements qui suivirent, dans les années 1625 et 1626. La paix qui suivit fut traitée par l'entremise du Roi de la Grande-Bretagne et de Messieurs des Etats-Généraux, qui donnèrent toute assurance que ledit fort seroit démoli, comme en ayant parole, disoient-ils, du Roi. Particulièrement les ambassadeurs d'Angleterre en donnèrent une déclaration par écrit.

Selon qu'il étoit convenu par les articles de ladite paix, la Rochelle démolit le fort de Tasdon, congédia ses gens de guerre, et satisfit à tout ce qui lui avoit été prescrit.

Peu après, y arrivèrent des commissaires de Sa Majesté, pour l'exécution de ce qui lui avoit été promis, lesquels, y firent un fort long séjour, non sans soupçon des

Rochelois, qui ne voyoient pas grand fruit de leur arrivée, le fort subsistant toujours, la citadelle de l'île de Ré se bâtissant en grande diligence, et les garnisons de Marans et autres entours se fortifiant de nouvelles recrues, au lieu d'être licenciées.

La plupart ont cru que les Rochelois craignant la conséquence de cela, ménagèrent secrètement vers le Roi de la Grande-Bretagne afin qu'il leur fît valoir le traité duquel il avoit été garant. Mais la vérité est qu'absolument rien de tel n'a été ménagé par ordre public ; seulement M. le duc de Rohan s'ouvrit à quelques particuliers qu'il croyoit avoir créance dans la ville, du ménagement qu'il faisoit vers ce prince par le moyen du sieur de Saint-Blancard, qu'il avoit envoyé le solliciter d'employer ses armes pour l'exécution du traité dont il s'étoit établi garant, puisqu'il ne le pouvoit obtenir par voies amiables.

Ces particuliers tinrent cela secret entre eux et ne s'en ouvrirent qu'à peu de personnes. Cependant il s'entendoit divers bruits de grands préparatifs qui se faisoient en Angleterre ; ce qui ne donnoit pas peu à penser aux principaux de la Rochelle, prévoyant que si cet orage se venoit décharger sur eux, leur condition, au lieu de devenir meilleure, pourroit empirer.

P. MERVAULT.

SIÉGE

DE LA ROCHELLE

L'apparition de l'armée angloise

Le mardi 20 juillet 1627, l'armée angloise parut devant Ré, et mouilla l'ancre ledit jour en la rade du Fief, près Saint-Martin, capital bourg de ladite île de Ré.

Jeûne célébré à la Rochelle.

Le mercredi 21 dudit mois, fut célébré un jeûne en cette ville, où étant au premier prêche, M. le Maire fut averti par un des capitaines qui étoit de la compagnie de Saint-Sauveur, en garde à la Chaîne, qu'un gentilhomme anglois, nommé Ferdinand de Gorgot, gouverneur de Bastable en Angleterre, désiroit parler à M. [1] le Maire, de la part du duc de Bouquinquan, [2] chef de l'armée navale angloise. Le Maire sort à l'issue de la première action du jeûne, et furent députés pour parler audit gentilhomme anglois, M. Prou, eschevin, et M. Rifauld, [3] pair, pour prier ledit sieur gentilhomme de se retirer et que M. le Maire ne pouvoit lui parler à cause du jour de dévotion en laquelle on étoit ; ledit gentilhomme anglois étoit accompagné d'un gentilhomme françois nommé M. de la Blaguière, [4] lequel avoit laissé la ville trois ou quatre jours auparavant, avec M. de Sauvigny ; [5] tous deux avoient fait toutes sortes d'affaires et services à mondit sieur le Maire [6] et néanmoins, à l'insu dudit Maire, s'en étoient allés trouver ladite armée, tellement qu'il fut interdit audit sieur de la Blaguière, de venir en ville, parce qu'il s'en étoit allé sans la permission du Maire et sans lui avoir communiqué son dessein.

Arrivée de M. de Soubize à la Rochelle.

Le jeudi 22 juillet, jour de la fête de Magdelaine, descendit à terre, au lieu de Coureille, en l'anse que l'on appelle l'anse des Meugles, Monseigneur de

---

(1) Guillaume Becker (Mervault).
(2) Georges Villiers, duc de Buckingham, né en 1592 et assassiné en 1628 par Felton.
(3) Jean Prou et Jacques Riffault (M.)
(4) La Blaquière, gentilhomme du Languedoc (M.)
(5) De Saisigny (M.)
(6) Jean Godeffroy, sieur du Richard (M.)

Soubize [1] accompagné du sieur Ferdinand, gentilhomme anglois, qui s'étoit présenté le jour précédent à la Chaîne pour entrer avec d'autres gentilshommes, et vint à la porte Saint-Nicolas, ce que voyant le Maire envoya au-devant pour avertir ceux de la garde de ne pas les laisser entrer avant qu'il leur eut parlé, et pour cet effet il s'achemina à ladite porte où commandoit M. Tessereau [2] l'aîné, pair de la Rochelle. On avoit déjà laissé entrer ledit sieur de Soubize jusqu'au corps-de-garde le plus près de la ville, où M. le Maire le rencontre et le salue et toute sa compagnie. Le Maire lui représente le tort qu'il nous faisoit d'entrer en ville et de nous jeter en une grande guerre, où nous nous voyions sans aucune apparence de lever nos semis. Le sieur de Soubize lui répondit qu'il venoit pour voir sa mère, [3]

---

(1) Benjamin de Rohan, duc de Soubise, fils de René II comte de Rohan et de Catherine de Parthenay, né en 1583 et présenté au baptême au nom de la ville de la Rochelle par quatre magistrats municipaux: de Courcilles, Espriuchard, Guiton et Jacques Thévenin; mort célibataire à Londres, le 9 octobre 1642, et enterré dans la chapelle de Westminster.

(2) Mathieu Tessereau, pair de la commune et conseiller au Présidial, né en 1594 du mariage d'Abraham Tessereau, aussi pair et de Pérotte Degory, oncle d'Abraham Tessereau, conseiller, secrétaire du Roi, maison, couronne de France et ses finances (1626-1691), auteur de l'Histoire chronologique de la grande chancellerie de France et de l'Histoire des Réformés de la Rochelle de 1660 à 1685.

(3) Catherine de Parthenay, dame de Soubise, mariée en 1575 à René, vicomte de Rohan; décédée le 26 octobre 1631.

qu'il n'avoit vu depuis trois ans ainsi que sa sœur, laquelle étoit malade, et qu'il ne vouloit demeurer que trois heures en ville.

Descente de l'armée angloise devant Ré.
Combat et mort des principaux de l'armée du Roi.

Ledit jour, l'armée angloise, sans attendre ledit sieur de Soubize, fait descente en Ré, au lieu de Sablanceau, où l'Anglois met quelque neuf cents hommes à terre en deux escouades, où se présente pour les empêcher le sieur de Torrax, [1] gouverneur pour le Roi, avec trois cents chevaux et deux mille hommes de pied, dont étoit le régiment de Champagne, conduit par M. de Contamine, lequel se présente pour empêcher ladite descente, ce qu'ils ne purent faire ; même perdirent presque toute leur cavalerie, la plupart de tous lesdits seigneurs et gentilshommes morts ou prisonniers. S'ensuit le nombre des seigneurs morts : le frère de M. de Torrax, ledit sieur de Contamine, le baron de Cauze (Cozes), le baron de Lavaille. [2] Résolution de ce

(1) J. du Caylard de Saint-Bonnet, maréchal de Toiras, né en 1585, décédé en 1636.

(2) François de Montaut, baron de Navailles, gentilhomme ordinaire de la chambre du Roi, avait épousé à la Rochelle, au mois d'octobre 1623, Elisabeth Mignonneau, fille du maire de 1573, et veuve d'Isaac Arnault, conseiller du Roi en ses conseils, et intendant des finances.

Mervault ajoute à la liste des morts, le baron de Chantal, Montagne de Xaintonge, Bussac le fils, Montbrun, la Boissonnière, la Lande Saint-Luc, et il cite au nombre des blessés, le baron de Saint-Surin, le comte de Marennes et Saugeon de Bourlay.

qu'ils délibéroient faire leurs descentes, et mirent ledit jour huit cents hommes à terre et quelques cent cinquante chevaux, et se retranchèrent à la pointe dudit lieu de Sablanceau où ils prirent position.

Proposition faite par M. de Soubize à Messieurs de cette ville.

Ledit jour, M. de Soubize, pendant le combat, avec le milord anglois, fit quelques propositions à M. le Maire touchant l'affaire qui les menoit en ce pays avec leur si puissante armée navale composée de quatre-vingt douze vaisseaux de guerre où y avoit dix grands ramberges, le moindre de deux cents tonneaux, avec quelques autres soixante vaisseaux portant munitions de bouche et de guerre, cavalerie au nombre de deux cents chevaux, tant pour le combat que pour l'artillerie. M. le Maire fit tout à l'instant sonner le Conseil pour aviser à l'affaire proposée par ledit sieur de Soubize, et fut par ledit Conseil ordonné que les commissaires seroient nommés au nombre de vingt desdits quartiers ordinaires de cette ville, savoir de la Maison de ville, des bourgeois, des pasteurs et de la justice, (1) afin de faire réponse audit sieur de Soubize et audit milord anglois, ce qui ne fut pour ledit jour et jusques au lendemain, qui occasionna ledit sieur de Soubize de coucher en ville pour attendre la réponse.

(1) Le Présidial refusa d'assister à ce Conseil (M.)

Assurées nouvelles de la descente des Anglois.
Mort de M. de Saint-Blancart.

Le vendredi, 23ᵐᵉ jour dudit mois, vinrent assurées nouvelles de la descente de ladite armée où fut assuré de rechef la victoire avoir été obtenue par ladite armée angloise, et fut apporté le corps dudit sieur de Saint-Blancard [1] en cette ville pour être inhumé, ce qui fut fait ledit jour au cimetière de Saint-Sauveur; ledit sieur de Torrax envoya au sieur de Bouquinquan un trompette pour demander les morts pour les faire enterrer.

Réponse faite par le Conseil à M. de Soubize.

Ledit jour on donna réponse audit sieur de Soubize du résultat fait par lesdits commissaires, le Conseil ayant été tenu au son de la cloche, à la manière accoutumée, pour approbation de ce qu'avoient fait lesdits commissaires.

Descente de la cavalerie angloise et du canon.

Ledit jour, lesdits Anglois se voyant avec un si grand avantage résoluront de poursuivre leur pointe, et pour cet effet, firent descendre leur canon

---

(1) Jacques de Gaultier seigneur de Saint-Blancard, nommé amiral en 1621 par l'assemblée de la Rochelle, était, dit Rohan, « un jeune homme dont la piété, le courage et l'entendement » combattoient à l'envi à qui le rendroit plus illustre. »

à terre, avec leur cavalerie et l'équipage requis pour aller attaquer le bourg de Saint-Martin où s'étoit retiré le peu de cavalerie qui leur restoit avec leurs gens de pied.

Députés nommés par le Corps-de-ville pour aller au devant de M. le duc de Bouquinquan.

Le même jour, furent députés, par Messieurs du Corps-de-ville, les bourgeois et pasteurs qui avoient été nommés pour aviser auxdites affaires et nommés M. des Herbiers, eschevin, [1] et M. Goyer, [2] de la part des bourgeois, pour aller au-devant de Monseigneur le duc de Bouquinquan, général de l'armée angloise.

Retour de M. de Soubize en Ré.

Le samedi 24 dudit mois, le duc de Soubize retourna à l'armée, accompagné de M. de Loudrière

---

(1) Isaac Blandin, sieur des Herbiers, fils de Johan Blandin, maire de 1579, et d'Anne Goizy, fut baptisé le 19 novembre 1567, devint membre du Corps-de-ville en 1595, succéda en 1603 à son père comme échevin, devint capitaine général de l'infanterie en 1616, député au Roi en 1619, maire en 1621, sergent major général le 8 décembre 1627. Il épousa Esther Genetreau, mariée en secondes noces à André Charron, président au Parlement de Bordeaux. La famille Blandin portait « d'azur au chevron d'or à la belette passante d'argent en pointe, au chef de gueules chargé de 3 étoiles d'or. »

(2) Docteur en médecine et médecin ordinaire de la Rochelle.

(1) et de plusieurs gentilshommes et soldats, au nombre de cinquante ou soixante et furent s'embarquer hors la porte Saint-Nicolas.

Jour auquel partirent les députés de la Rochelle.

Ledit jour bougèrent lesdits sieurs des Herbiers et Goyer, députés, sur les trois heures après midi, pour aller au-devant du duc de Bouquinquan, et M. le Maire leur fit abattre la chaîne.

On apprit la nouvelle que lesdits Anglois étoient encore audit lieu de Sablanceau, attendant que leur canon fut à terre pour s'en aller attaquer le bourg de Saint-Martin et la citadelle qu'y avoit fait faire le sieur de Torrax.

Descente du duc de Bouquinquan avec le reste de son armée.

Le dimanche 25 dudit mois, M. le duc de Bouquinquan met pied à terre avec M. de Soubize, où ils firent marcher toute leur armée en bataille, tant cavalerie qu'infanterie, en un fort bon ordre, en présence des députés de cette ville, et vinrent se camper au-dessus de la Flotte et partie dans ledit bourg.

---

(1) René de Tallansac, seigneur de Loudrière, sénéchal à la justice de la ville et gouvernement de la Rochelle, avait épousé en 1602 Françoise de Colligny, petite fille de l'amiral.

Retour des députés de cette ville.

Le lundi 26 dudit mois, retournèrent nos députés où ils laissèrent l'armée près du bourg de Saint-Martin, en bataille ; le sieur de Torrax se fortifie et se barricade dans ledit bourg de Saint-Martin qu'il fait piller et fait porter tout en la citadelle ; y fait aussi mener le reste de la cavalerie, où se retirent les habitants papistes de ladite île et ceux de la religion qui y voulurent aller, ce qui fut remis à leur volonté par la permission que leur en donna ledit sieur Torrax.

M. de Torrax quitte le bourg de Saint-Martin
et se retire à la citadelle.

Le mardi 27 dudit mois, le sieur de Torrax quitte le bourg, fait brûler tous les navires anglois qui étoient dans le havre et quelques autres, met le feu en quelques maisons les plus proches de la citadelle, se résout d'attendre l'armée angloise, laquelle sur le soir vint se loger dans ledit bourg et lieux à l'entour, fait ses approches et retranchements, fait de rechef descendre du canon du côté de Bernonville, travaille à le faire monter, fait toute la semaine toutes ses plateformes et mettre son canon et un haut cavalier pour battre dans la citadelle.

Sommation faite à ceux de la citadelle.

Le dimanche 1ᵉʳ août, ledit sieur duc envoie un trompette à la citadelle pour sommer ledit sieur de Torrax de se rendre, lequel lui dit qu'il ne pourroit lui faire réponse que jusques au lendemain.

Réponse du sieur de Torrax.

Le lundi 2 août, ledit sieur Torrax, au lieu de faire réponse, envoie, dès le point du jour, trois balles de canon en ledit bourg, ce que voyant ledit sieur duc, et n'ayant pour lors que cinq pièces de canon en batterie les fait tirer contre la citadelle presque toute la matinée, où il fut démonté deux pièces de la citadelle et une de celle dudit duc de Bouquinquan par un boulet qui venoit de ladite citadelle, lequel donna droitement dans la bouche du canon, lequel le fit crever, ce qui a été assuré pour vrai.

Duc investi près de la citadelle.

Ledit jour, ledit sieur duc fut averti que en la citadelle on chômoit d'eau, et pour cet effet ils avoient mis tous les chevaux dehors, et à la plupart coupé les jarrets, et qu'ils alloient à un puits, près de la portée d'un mousquet, lors de minuit, étoient venu pour puiser, ce qui y fut remédié et envoya gens en embuscade qui prirent vingt-huit ou trente soldats prisonniers de la citadelle, comblèrent ledit puits aux regrets des assiégés.

Conspiration faite contre M. le duc de Soubize.

Le mardi 10 d'août, fête de Saint-Laurent, continuant à faire leurs approches et tranchées, fut trouvé un jeune gentilhomme âgé de 22 ou 23 ans, qui étoit caché en quelque vigne proche la citadelle, lequel étant interrogé d'où il venoit, confesse qu'il étoit sorti de la citadelle pensant se sauver, où il fut mené par lesdits soldats anglois à M. le duc de Bouquinquan, lequel l'interrogeant le trouva tout extravagant en ses discours et chancelant en sa personne, ce qui fut cause qu'il le fit visiter, pensant trouver quelques lettres pour apprendre quelque chose ; mais, au lieu de lettre, on lui trouve un fort grand couteau tranchant des deux côtés et tout frais effilé. L'on s'enquiert de ce qu'il vouloit faire dudit couteau ; ne voulut confesser jusques à ce qu'il fut mis à la question, où il dit qu'il confesseroit tout, si on lui vouloit donner la vie, ce qui lui ayant été promis, dit qu'il y avoit huit jours qu'il étoit sollicité par M. de Torrax à sortir hors avec ledit couteau, afin de tuer ledit sieur duc ou M. de Soubize ; ce qu'ayant pris la confession dudit gentilhomme des plus qualifiés qu'il eut, envoie un tambour à la citadelle pour prier M. de Torrax de lui envoyer six gentilshommes pour conférer des choses avec eux, lesquelles il ne pouvoit écrire, et que de sa part il lui enverrait aussi six des siens pour ôtages, ce qui fut accordé ; et furent envoyés de la part dudit sieur de Torrax six gentilshommes au nombre desquels étoit M. des Roches-Baritault, [1] lesquels arrivés et menés jusques en la maison dudit sieur duc, les yeux bandés, selon la manière accoutumée des gens de guerre, les fit débander et les salue, leur dit qu'il leur vouloit faire voir certain homme et s'ils le pouvoient connoître ; au même instant, commanda qu'on lui amène ledit gentilhomme les yeux bandés, étant arrivé lui demande si ce qu'il avoit ci-devant confessé étoit véritable ; lui dit oui, et lui fit prononcer les paroles qu'il avoit dites, en présence desdits gentilshommes ; cela fait, le fit débander, et lors lui demande s'il connoissoit ces gentilshommes qui étoient là ; dit oui, et que même il y en avoit deux présents lorsque ledit sieur de Torrax lui fit promettre de faire ce détestable coup, ce qui étonna grandement lesdits gentilshommes ; néanmoins, ils furent reconduits en la citadelle sans aucun mal, et pareillement ramenés les autres qui y étoient pour ôtages.

Entrée de M. le duc d'Angoulême en ce Gouvernement.

Le vendredi 13 août 1627, le duc d'Angoulême s'achemina en ce gouvernement et vint loger à

---

(1) Le comte de Grassais, fils de Chasteaubriand, sieur des Roches-Baritaud, d'une branche de la famille de l'auteur du GÉNIE DU CHRISTIANISME, portait comme lui « de gueules semé de fleurs de lys d'or sans nombre. » — Le château des Roches-Baritaud (par Chantonay, Vendée), appartient aujourd'hui à M. Paul Marchegay.

Dompierre avec toute son armée, tant à pied qu'à cheval, avec vingt-deux pièces de canon, tant petites que moyennes, et les plaça en le cimetière de Dompierre, et lui se vint loger au château dudit lieu de Dompierre, d'où il vint le lendemain, samedi 14, au lieu d'Aistré pour connoître la situation du lieu et voir la ville, où il demeura et se logea en la maison des Rouaux, où il manda toute son armée, et le lendemain fit venir son canon.

Députation faite par Messieurs de cette ville vers M. le duc d'Angoulême.

Le samedi furent députés M. David, [1] eschevin de cette ville, et M. Goyer l'aîné, pour aller par devers M. le duc pour lui faire certaines plaintes des concussions et ravages que faisoient ceux de son armée, et même de ce qu'ils empêchoient que les blés, et autres commodités, n'entrassent en cette ville contre la promesse qui avoit été faite de n'entrer même en le gouvernement, et vu qu'il n'y avoit de guerre déclarée; ce qui fut fait réponse par ledit sieur duc qu'il ne faisoit rien que le Roi ne lui eut commandé. Ce que voyant, Messieurs de cette ville se résolurent à faire venir M. de Loudrière avec son régiment, ce qu'il fit incontinent être mandé et amena de Ré quelques cinq cents

---

(1) Jean David, armateur, né en 1568, nommé pair en 1602, en remplacement de son père Jacques.

hommes de pied avec leurs vivres, qui lui furent fournis par M. de Bouquinquan, où ils laissèrent le fort de la Prée investi de huit cents hommes, et cinq cents hommes qu'ils laissèrent pour garder un autre fort sur la pointe de Sablanceau; et amena encore avec lui huit mille hommes, tant de pied que de cheval, et douze cents soldats et autant de matelots à proportion avec un grand nombre de munitions, tant de bouche que de guerre, qu'ils offrirent à MM. les officiers de la ville parce qu'ils ne sont venus que pour les assister et secourir, vu qu'ils étoient avertis de toutes parts qu'on vouloit perdre la Rochelle et tous les seigneurs et gentilshommes de remarque. Il fut fait offre de la part de M. de Torrax audit sieur duc de mille pistoles pour avoir lesdits corps. Ce qu'il trouva fort mauvais et dit au trompette qu'il n'avoit à faire d'argent et qu'il avoit affaire à un maître qui en avoit assez, et qu'ils envoyassent pour reconnoitre leurs corps et qu'il les donneroit sans argent; et fit présent audit trompette de vingt *jacobus* qui valent deux cents livres. Le trompette ayant fait son rapport, ledit sieur de Torrax envoya M. Danbleville [1] pour remercier ledit sieur duc de ses bonnes courtoisies, et apporter liste des gentilshommes morts, au nombre de cent vingt-huit, et rapporter qu'il avoit perdu quatre à cinq cents hommes de pied ; fait sa recherche, fait emporter

[1] D'Ambleville.

lesdits seigneurs et barons les plus qualifiés ; font enterrer le reste, tant de part que d'autre ; et furent comptés cent onze chevaux demeurant sur la place, près le bord de la mer, sans compter ceux qui avoient été tués ailleurs. Ledit sieur Danbleville s'en retourna fort content pour les courtoisies qu'il reçut dudit sieur duc et de tous les siens, et admira l'armée angloise de les voir tous en si bon état et en si grand nombre, d'autant que l'on avoit donné à entendre qu'ils n'étoient pas cinq mille hommes, dont il vit apparemment le contraire, et qu'ils étoient pour le moins dix mille hommes à terre et tous bien couverts et bien équipés ; et étoient tous en bataille et y demeurèrent jusques audit jour qu'il fallut s'acheminer sur le bourg de Saint-Martin.

Commencement du fort dressé par ceux de cette ville, au Fournau.

Le jeudi 19 du mois d'août, audit an, sur les onze heures de nuit, fut commencé à dresser un fort au Fournau, près Tasdon, où on travailla toute la nuit à la faveur du régiment dudit sieur de Loudrière et d'une partie des habitants de cette ville qui étoient sortis pour escorter lesdits travailleurs.

Commencement de la citadelle par mer.

Le lundi 6 septembre 1627 venant au mardi 7 dudit mois, de nuit, sept à huit chaloupes et alléges allèrent en ladite citadelle, avec munitions de bouche et de guerre, conduites par M. Mornière [1] avec une compagnie de gens de pied du régiment de Champagne, où il y avoit deux capitaines et huit sergents dudit régiment, sans avoir été aperçus par lesdits Anglois lorsqu'ils ont passé, qu'une ranberge qui leur tira quelques coups de canon, ce qui fut cause que ceux qui les suivoient, relâchèrent partie en le Plomb et le reste à Queue-de-Vache [2] et ailleurs.

Commencement du fort de Bongraine et de la Moulinette par les ennemis.

Le vendredi 10 dudit mois de septembre 1627, comme on aperçut qu'il se bâtissoit un fort à Bongraine et l'autre à la Moulinette, même qu'on voyoit librement qu'ils étoient fort avancés, et comme en défense, et que ceux du fort de la Mothe venoient pour faire quelque redoute ou demi-lune entre ledit fort et le lieu de la Genette, l'on prit résolution de les en empêcher et, pour cet effet, il fut tiré trois coups de canon de la batterie près du moulin à vent de la Gourbeille (*alias* de la tour de la Cricque), où étoit commissaire le sieur Journau, [3] ensemble du clocher de Saint-Sauveur ; et pareillement par ceux dudit fort de la Mothe sur la ville fut tiré de toutes les batteries qui couvroient au lieu où étoient les ennemis, tant du côté de Saint-Nicolas qu'ailleurs, jusqu'à la nuit et encore le lendemain, samedi, jusque sur les huit heures.

(1) Morinière. — (2) Queue-de-Vache ou Coup-de-Vague. — (3) Journault.

Commencement du fort de Coureilles.

Ledit jour 13, audit an, venant au mardi, de nuit fut commencé le fort de la maison de Coureille ; ce qu'ayant ledit jour, mardi matin, aperçu que ledit fort étoit fort avancé par le moyen de nombre de gabions qu'on apportoit tout faits du lieu de Naiseré et qui furent à la pointe du jour tout remplis de terre, il fut tiré de la ville grand nombre de coups de canon tant desdites tours que desdites murailles de la Chaîne et Saint-Nicolas qui leur fit abandonner le travail jusqu'à la nuit.

Secours venu en Ré à l'Anglois.

Ledit jour fut apporté la nouvelle certaine qu'il étoit arrivé de secours à l'Anglois deux mille cinq cents hommes anglois venant d'Irlande, lesquels mirent pied à terre le lendemain en ladite île ; en même temps furent pris trois chaloupes qui alloient pour porter des munitions en Ré, tant de bouche que de guerre.

Arrivée de M. le duc d'Orléans, frère du Roi, à Aistré.

Le mercredi 15 dudit mois, Monsieur, frère du Roi, arriva à Aistré sur les trois heures après midi avec toute sa troupe, tant de cheval que de pied, pour voir les forts qui avoient été dressés tant audit lieu de Bongraine qu'à Coureille, où quelque cavalerie et gens de pied demeurèrent jusqu'au fort près de Fournau, où il se fit quelques escarmouches, dont il en demeura de morts de ceux de Monsieur, [1] au nombre de trente-cinq à quarante et quinze à vingt cavaliers et un grand nombre de blessés; de ceux de cette ville, il n'en fut tué qu'un, nommé Rosignol [2] l'aîné, marchand de cette ville qui étoit de hoste; cedit jour, il fut tiré plus de soixante à quatre-vingts coups de canon de cette ville, tant des batteries des murailles de la Chaîne, du Gabut, de Saint-Nicolas, que de la tour et du clocher de Saint-Sauveur, ce qui fut cause que le gros de l'armée n'osa approcher et qu'il y eût une fort grosse alarme ledit jour.

Seconde entrée de M. de Soubize en cette ville.

Pendant ce combat, M. de Soubize entra pour la seconde fois par mer à la Rochelle en sa galiotte, accompagné d'une petite patache de la ville qui fut ci-devant à M. Périer; il leur fut tiré, par le fort de la Mothe, quelques coups de canon, et à la petite patache pareillement.

Commencement du fort, près de Coureille, en l'anse des Meugles.

Le vendredi de nuit venant au samedi 13 dudit mois, fut commencé le fort près le bord de la mer, vers Coureille, au lieu nommé l'anse des Meugles, ce qui fut aperçu par les Rochelois qui tirèrent quelques coups de canon, en ne leur pouvant guère rien faire, à cause de la grande distance qu'il pouvoit y avoir.

(1) Entr'autres le sieur de Maricour. (M.) — (2) Rossignol.

Second avitaillement de la citadelle de Ré.

Le mardi, de nuit, 28, venant au mercredi, il fut aperçu quatre chaloupes de munitions de bouche et de guerre qui alloient dans la citadelle ; deux furent prises, une brûlée et l'autre fut échouée à la citadelle, conduite par le sieur de la Richardelle, [1] lequel fut jeté dans la mer avec tous les mariniers et soldats qui étoient dans les deux chaloupes ; sur celle qui étoit échouée, il fut tiré par les navires plus de cinq cents coups de canon qui finalement la mirent en pièces et firent perdre la plus grande partie des munitions qu'elle leur portoit. Il fut tué M. de Monferie, frère de M. de Torrax, gouverneur de ladite citadelle, d'un coup de canon des navires ; le coronel Bordau, anglois, fut aussi tué par ceux de la citadelle en allant reconnoître quelques fortifications. La même nuit, il fut pris une demi-lune par les Anglois, lesquels furent chassés par ceux de la citadelle où ils perdirent plus de trois cents hommes, et les Anglois trente ou quarante au nombre desquels étoient deux capitaines et trois enseignes.

Chaloupes et barques qui se présentent pour avitailler la citadelle et qui furent la plupart prises.

Le jeudi, dernier jour de septembre 1627, sur les cinq heures du matin, on aperçut quinze ou seize chaloupes et barques qui étoient vers la côte de

---

(1) La Richardière.

Ré, près de la Flotte ; elles étoient parties la nuit de Queue-de-Vache pour mener des munitions, tant de bouche que de guerre, en la citadelle, en fort grand nombre ; ayant été vues par un navire mouillé près de ladite citadelle, qui leur tira quelques coups de canon, le capitaine Jean Foran, chef des chaloupes françoises qui étoient destinées pour la garde et pour empêcher qu'il n'entrât dans la citadelle, les poursuivit de telle façon qu'il en prit quatre et en mit deux à fond ; trois autres s'échouèrent à la pointe de l'Aiguillon où il prit partie de leurs munitions, et ne pouvant amener le reste à cause de ceux du fort, les autres chaloupes se sauvèrent tant à la Fosse qu'en la rivière de Marans. Je remarque qu'audit combat il est demeuré plus de cent à six vingt hommes, tant gentilshommes que soldats et mariniers ; il y avoit dans l'une des barques prises quinze à seize milliers de poudre et un grand nombre de boulets, minot, bœuf, lard, fèves et pois, qui auroient pu, si elle eut entré, servir plus de deux à trois mois. Au nombre desquels gentilshommes étoit Monsieur, frère du Roi.

Avitaillement fait par Grazillier à la citadelle.

Le vendredi matin, 15 octobre 1627, sur les cinq heures, il fut aperçu trente-cinq barques, flûtes, chattes, bateaux et chaloupes par les mêmes Anglois, lesquels étoient partis d'Olonne chargés de toutes sortes de munitions, tant de guerre que de bouche, avec nombre de soldats conduits par Razilly et autres capitaines, lesquels passèrent au nombre de quatorze ou quinze desdits vaisseaux et s'échouèrent tous contre ladite citadelle avec leurs munitions qu'ils ne purent pas si promptement décharger que lesdits Anglois, tant par terre que par mer, ne les brisassent à coups de canon et ne fissent perdre partie de leurs munitions ; le reste fut pris par lesdits Anglois ou sauvé tant au port de Queue-de-Vache qu'au Plomb ; il fut pris leur amiral où commandoit ledit Grazillier, [1] qui fut mené prisonnier à Saint-Martin, et étoit chargé, ledit navire amiral, de poudre et de boulets, et autres munitions de bouche, de plus lui seul que ceux qui étoient échoués dans la citadelle.

Le mardi ou mercredi, 12 ou 13 du mois d'octobre 1627, le Roi arrive au lieu d'Aistré avec quatre mille hommes et seize pièces de canon.

Députés de la Rochelle de retour de Ré qui rapportent que les Anglois étoient en volonté de se retirer.

Le mercredi 15 d'octobre dudit an 1627, M. Guiton, [2] eschevin, et M. Dufaux (Defos) étant de retour de Ré pour quelque députation, firent rapport à M. le Maire Godeffroy que les Anglois étoient sur le point de se retirer, et pour cet effet

(1) De Launay Razilly. (M.)
(2) Guiton, Jean, écuyer, sieur de Repose-Pucelle.

avoient fait embarquer le canon qu'ils avoient à terre et autres munitions ; ce que voyant, M. le Maire à son conseil, y fit promptement remédier et bougèrent ladite nuit M. de Loudrière, M. Foran, et MM. des Herbiers [1] et David, députés en cette ville, là, où étant arrivés, ils remirent les choses en leur premier état.

Prise des trois chaloupes sortant de la citadelle où fut pris le fils de la Richardelle.

Le 18 dudit mois d'octobre audit an, furent pris trois chaloupes qui sortoient de la citadelle pour passer à la grand'terre, où étoient le sieur de la Richardelle, lequel fut tué avec vingt-cinq ou trente soldats, le reste pris prisonniers, et la vaisselle d'argent dudit Torrax, avec les plus précieux de ses meubles qu'il envoyoit à la grand'terre ou au fort de la Mothe, sous la conduite dudit Richardelle.

Réception de deux cents Anglois amenés en cette ville par M. des Herbiers.

Le 19 dudit mois, reçumes quelques deux cents Anglois qui furent amenés par M. des Herbiers, lesquels furent logés selon le département qu'en firent les commissaires.

(1) Des Herbiers (Isaac Blandin, s^r), né en 1567, échevin en 1613, maire en 1621, marié à Esther Geneteau, portait « d'azur au chevron d'or à la belette passante d'argent en pointe, au chef de gueules chargé de trois étoiles d'or. »

Envoi des soldats de cette ville en Ré, au lieu des Anglois.

Le 21 dudit mois furent envoyées trois compagnies d'infanterie de cette ville en l'île de Ré au lieu des Anglois et depuis continué jusqu'à ce qu'il y en ait eu jusqu'à sept ou huit cents.

Secours envoyé au fort de la Prée et repoussé par les Anglois.

Le samedi 30 dudit mois d'octobre, [1] audit an, sur les huit heures du soir, [2] fait échouer quelques vingt-une ou vingt-deux chaloupes au devant du fort de la Prée, lesquelles avoient environ cinq à six cents hommes de pied et quarante chevaux avec quelques munitions, tant de bouche que de guerre, lesquels ayant mis pied à terre au lieu de la Prée pour aller audit fort proche ledit lieu, ledit sieur duc de Bouquinquan en ayant eu avis, fit acheminer la partie de son infanterie angloise audit lieu avec l'infanterie françoise qui arrivèrent si à point qu'ils n'eurent loisir de se retirer dans ledit fort, qu'il n'en demeurat sur la place plus de deux cents de morts sans compter les blessés [3] et prisonniers et furent

---

(1) 6 novembre, d'après Mervault.

(2) Du matin, d'après Mervault.

(3) Ils furent enfin contraints, après deux heures et plus de combat de se retirer avec perte de beaucoup de gens tués sur la place, entre lesquels étoient un capitaine et deux lieutenants anglois, et entre les François y furent tués le cadet d'Artiganoüe, Deslandes, etc. La compagnie de Savignac y fut fort malmenée. Des blessés furent Pluviau, cadet du Breuil, de Guire qui menoit

si vivement poursuivis par l'infanterie françoise qui avoit la première pointe, que si les Anglois les eussent secondés, ils enlevoient ledit fort et entroient tous dedans pêle mêle, et même y entrèrent trois des nôtres qui y furent retenus prisonniers et rendus le lendemain pour d'autres.

Alarme en la ville, à cause du feu épris en la maison de M. Guillen.

Ledit jour, sur le minuit, il y eut en cette ville une fort grosse alarme par le moyen du feu qui s'étoit épris en la maison de M. Guillen, en la rue du Castre, près le clocher de Saint-Sauveur, sans avoir su au vrai, comme il y étoit arrivé ; a été su depuis que ça fut par un soldat de l'ennemi qui s'étoit rendu en cette ville avec plusieurs autres pour faire le semblable ailleurs, selon que l'on a appris depuis, par la recherche qui en fut faite.

les Enfants perdus; il vécut jusques au lundi suivant, et fut enterré dans la Rochelle; il avoit un coup de mousquet dans les reins et un autre qui lui perçoit les deux cuisses, dont l'une étoit même rompue. Furent aussi blessés : le capitaine Bazan, d'une plaie fort douteuse dans l'épaule et comme de haut en bas; Meschinet, au bras, — (Samuel Meschinet, écuyer, sieur de Richemond, signa comme témoin,le 8 juillet 1628, V. S., le contrat de mariage d'Henry de Preissac, écuyer, sieur de la Chaize, avec Renée Réau, veuve d'Abel Barbot, écuyer, sieur de Lardaine, échevin de la Rochelle (Cousseau, étude de M° A. Fournier), — l'aîné d'Artiganoüe, à la cuisse mais sans fraction, et quelques autres dont on ne sait pas les noms, qu'on fit porter le lendemain à la Rochelle pour y être traités et pansés de leurs plaies. (Mervault, page 132).

Secours envoyé en Ré par ceux du parti du Roi, où on fait descente à Sainte-Marie.

Le dimanche 7 de novembre, de nuit, venant au lundi, plusieurs barques, alléges, chaloupes et bateaux chargés d'infanterie et de cavalerie firent descente du côté de Sainte-Marie et se tinrent coi ledit jour audit lieu, en attendant d'autres qui descendroient au fort de la Prée, lesquels se joignirent tous ensemble audit lieu de Sainte-Marie, au nombre de quatre mille hommes d'infanterie et quelques cent cinquante chevaux qui mirent tous en bataille, en divers escadrons, jusqu'au bourg de Sainte-Marie; ce que voyant, ledit duc de Bouquinquan s'achemine pour faire retraite au lieu de Loye, où pour cet effet avoit disposé quelques jours auparavant un pont de bois afin qu'étant passé, de le faire rompre, ce qu'ils ne furent en peine d'autant que leur armée n'étoit que la moitié passée que leur pont rompt en passant une pièce de canon qui fut aperçue de l'ennemi, tellement qu'ils donnèrent vivement sur ceux qui étoient à passer, qui fut cause que ceux qui faisoient retraite, furent une partie noyés et autres blessés et pris prisonniers de ceux de l'ennemi du nombre furent (le général Montjoie et les milords Gray et Montagu; les sieurs de Saisigny, de Saint-Siphorien et Clérac, parmi les François).

Rembarquement de l'armée angloise et de M. de Soubize.

Ce que voyant ledit sieur duc et que ses capitaines

avoient pris l'épouvante, se retirèrent au bord des vaisseaux avec M. de Soubize ; MM. les députés de cette ville, ensemble tous les capitaines et soldats françois qui se retirèrent le mercredi et jeudi suivant en cette ville et fit la nuit du jeudi 11, jour de Saint-Martin, venant au vendredi, une des plus fortes tourmentes que l'on ait vu auparavant.

Armée navale angloise bougée pour s'en retourner.

Le mercredi 17 dudit mois de novembre 1627, après avoir enduré une grande tourmente par l'espace de cinq jours sans aucune perte de leurs vaisseaux, tant grands que petits, mirent voile et s'en allèrent, où M. de Soubize s'en alla avec eux, plusieurs gentilshommes et capitaines qui avoient demeuré de reste en ladite armée avec deux ou trois cents soldats, avec toutes les pataches et bateaux appartenant à ceux de cette ville, qui tous suivirent l'armée dudit sieur de Bouquinquan avec plusieurs habitants tant de cette ville que de Ré, s'étoient retirés en cette ville ce qu'ils n'eussent fait sans que le vent fut toujours contraire, qui les occasionna de les suivre.

Députés de la Rochelle bougés pour s'en aller trouver l'armée angloise.

Le jeudi 18 dudit mois de novembre, sortirent de cette ville ledit sieur David, eschevin, Jean

Deheinse, [1] bourgeois d'icelle, et Vincent, l'un de nos pasteurs, tous députés pour aller trouver ladite armée et s'en aller avec icelle en Angleterre, tant pour remercier le Roi que pour le prier de continuer son assistance et faveur envers ceux de cette ville, où étant arrivés devant Saint-Martin, trouvoient l'armée bougée, tellement qu'ils furent contraints de suivre ladite armée pour tâcher de les attraper et firent leur route d'autant qu'ils ne purent relâcher à cause que le vent étoit contraire, ensemble plusieurs pataches, qui étoient sorties avec eux pour les escorter.

Capitaine Bragneau bouge pour porter des rafraîchissements à l'armée angloise qu'il trouva être bougée.

Le lendemain vendredi, 19 dudit mois, partit de cette ville le capitaine Bragneau [2] avec quatre ou cinq

---

(1) Jean de Hinsse, né en 1585, fils de Mathurin de Hinsse et de Pérette Gire, épousa Marie le Maire, dont il eut quatre garçons : Pierre (1615), Jérôme (1617), Samuel (1627), Josué (1628), et une fille, Marie (1628).

(2) Daniel Bragneau, fils de Gabriel Bragneau et de Gabrielle Richard, né en 1582, marié en 1611 à Marguerite Mesnard, nommé pair en 1621, commandait en 1622 un des navires de la flotte rochelaise, devint commissaire du bureau de la marine en 1627; en 1635, il était qualifié capitaine de marine, entretenu pour le service au Roi, et montait la RENOMMÉE en qualité de lieutenant de M. de Chalar, ambassadeur près le roi de Maroc. La famille Bragneau portait « d'or fretté de gueules; » elle a fourni au xviii° siècle plusieurs officiers de marine et capitaines de navires marchands.

alléges chargées d'eau pour mener en ladite armée, avec deux pataches pour les escorter là, où étant et trouvant l'armée bougée, furent contraints de tenir la mer et renvoyer lesdites alléges chargées d'eau, où deux furent prises par les ennemis, et les autres se rendirent en cette ville; ledit capitaine Bragneau, après avoir tenu la mer, se rendit en cette ville le 22 dudit mois de novembre, avec prises chargées de munitions venant de la rivière de Charente et s'en alloient à la citadelle de Ré.

Le fort de Tasdon attaqué par l'armée du Roi sur les quatre heures du matin.

Le dimanche venant au lundi 13 de mars 1628, sur les quatre heures du matin, l'ennemi ayant attaqué le fort de Tasdon et pensant l'enlever, demeura cent cinquante morts et blessés qui furent emportés par les ennemis, et ne purent le prendre à cause que le jour le surprit, et fut fait ledit jour prières générales tant en cette ville qu'audit lieu du fort pour remercier Dieu de l'heureuse délivrance qu'il nous avoit donnée, et y avoit en ledit fort cinq compagnies, savoir: quatre de François et une d'Anglois, et commandoient les capitaines Poylevin, Beauchaîne, Manuel et Lespine, capitaines desdites compagnies françoises, [1] qui tous se portèrent vaillamment et courageusement avec leurs soldats,

(1) Pontlevain, Beauchamp, Manuel et l'Epine et le capitaine anglais Tabor. (M.)

comme aussi firent les Anglois, si bien qu'on en trouva encore six de morts sur la place et trois de blessés qui furent portés à l'hôpital de cette ville, dont il fallut couper la jambe à l'un, et confessèrent que le samedi précédent venant au dimanche, toute l'armée, en général, avoit été en bataille, toute la nuit, du côté tant de la porte de Cougnes que de Saint-Nicolas, où étoit M. le cardinal de Richelieu [1] leur disant qu'il falloit enlever la place et falloit attaquer par un côté où ils pourroient entrer en l'eau jusqu'aux genoux et qu'il y avoit huit cents hommes en la ville pour eux, qui les favoriseroient et attendoient nombre d'échelles qui n'arrivèrent à l'heure qu'ils leur avoient assignée, dont ils prirent l'occasion de se retirer, ce qui n'en fut la cause, mais que Dieu, par sa divine Providence, leur donna une telle terreur et épouvante que lorsqu'ils furent prêts à donner et s'acheminer vers la ville, il leur sembloit qu'ils avoient les bras et les jambes rompues, ce qu'a certifié l'un desdits prisonniers étant à l'hôpital et voulant rendre son âme à Dieu, ce qu'il n'avoit voulu dire auparavant et qui nous a été confirmé par plusieurs de leur armée qui se seroient venu rendre en cette ville.

---

(1) Armand du Plessis, duc de Richelieu (1585-1642).
Ses Mémoires ont été publiés dans la collection Petitot. On peut utilement consulter la biographie de son confident intime Leclerc du Tremblay, plus connu sous le nom du père Joseph.

Arrivée du capitaine David, avec sa patache, venant d'Angleterre.

Le mercredi, 21 de mars 1628, sur les six heures du soir, le capitaine Jean David, [1] l'un des pairs de cette ville, a passé au travers de l'armée navale du Roi, laquelle étoit à Chef-de-Bois, et de la palissade mise devant cette ville, venant d'Angleterre, nonobstant lesdits navires et palissade et les coups de canon qui lui furent tirés, tant des forts de Coureille et de la Meche, et des navires, au nombre de plus de deux cents, et poursuivi par les pataches du Roi jusqu'à la portée du canon de cette ville, sans lui avoir pu jamais tuer ni blesser pas un de ses hommes, apporta nouvelles de nos députés, comme ils avoient assurance du Roi d'Angleterre de nous donner tout aide et assistance, et ce dans tout le mois d'avril prochain, et pour cet effet il préparoit vingt ramberges et quatre-vingts grands vaisseaux de guerre avec cent navires pour porter victuailles et les soudards, lesquels étoient en nombre de trente à trente-cinq mille pour mettre pied à terre ; ce qu'avoient écrit lesdits députés, mais la crainte qu'il eut d'être abordé, lui fit jeter à la mer, dès Chef-de-Bois, le paquet qui fut peu de jours après trouvé par les ennemis et présenté au Roi.

(1) Jean David, fils de Jean David, pair, et de Thienuette Gaschot, obtint du Corps-de-ville une médaille aux armes de la Rochelle, suspendue à une chaîne d'or et portant la devise : PATRIÆ MAGNI SUNT DONA PERICLI.

*Arrivée du capitaine Martin dit Sacremore, avec sa patache,
venant d'Angleterre.*

Ledit jour, sur les huit heures du soir, arriva une autre patache venant dudit lieu d'Angleterre, où commandoit le capitaine Martin dit Sacremore, ayant trente tonneaux de blé, tant froment que seigle, et apportant lettre de nos députés confirmant ce qu'avoit dit le capitaine David, ce qui étonnoit grandement tout le peuple de cette ville, sans l'accident qui leur arriva de toucher sur la grand'vase de cette ville, étant poursuivi par les navires et pataches du Roi, lesquels lui firent quitter leur prise chargée de vin de Bordeaux; laquelle étoit passée jusques au-delà de la palissade et eut entré, vu que la mer perdoit, tellement que les ennemis n'ayant pu rien faire à ladite patache, la voyant touchée, se résolûrent au bas d'eau la venir attaquer, ce qu'ils firent, et même avec des échelles montèrent quelques uns jusques au haut de ladite patache où ils furent furieusement repoussés; bien qu'il n'y eut de reste en ladite barque que quatorze hommes avec le lieutenant, d'autant que ledit capitaine étoit venu à terre avec quelques hommes apporter le paquet de M. le Maire, le reste qu'il avoit laissé en ladite prise, tellement que ledit lieutenant fut tué et cinq de ses hommes, et fut envoyé à la marée une chaloupe à bord avec quelques soldats et matelots où on fit entrer ladite patache en la Chaîne sur les quatre heures du matin, après un grand combat de la part des ennemis et de ceux de la ville.

Convocation faite de tous les habitants de la ville.

Le jeudi 29 de mars, audit an, fut fait convocation générale de tous les bourgeois et habitants de cette ville à la maison de l'eschevinage, au son de la cloche, à une heure après midi, où fut fait lecture des lettres écrites par MM. David, eschevin, et Vincent, pasteur, [1] et Jean de Hinze, bourgeois, tous députés de la ville en Angleterre, où ils mandent l'accueil que leur avoit fait ledit seigneur Roi et les promesses de nous assister tant de munitions de bouche que de guerre et que d'hommes, lesquels il promit nous envoyer dans ce printemps, et que pour cet effet il leur donnoit sa parole royale, et dont l'acte en fut lu en ladite assemblée, ce qui fut ratifié par MM. les Maire, eschevins et pairs, bourgeois et habitants de ladite ville par leur serment donné à M. le Maire, et ordonné qu'il seroit envoyé aux députés en Angleterre, à la première commodité que faire se pourra, et résolu de se joindre à eux pour notre défense, sans toutefois nous désunir de la Couronne et de demeurer sous l'obéissance de notre Roi. [2]

---

(1) Philippe Vincent (1595-1651).
(2) Le récit de Mervault comble ici une lacune de notre manuscrit :

« Le 1er d'avril arriva à la Rochelle un jeune homme nommé Vivier, serviteur du sieur Vincent, dépêché par lui de Hollande où, suivant l'ordre qu'il en avoit, il étoit passé pour procurer

Arrivée des navires anglois pour ravitailler la ville.

Le jeudi, 11 de mai 1628, parurent, sur les trois heures après midi, quelques cinquante navires de l'armée angloise lesquels vinrent mouiller l'ancre sur

quelque soulagement de vivres et munitions pour ladite ville. L'espérance qu'on conçut de la prompte arrivée du comte d'Embei, suivant ces lettres, réjouit grandement les Rochelois.

» Le 8, la nuit du dimanche venant au lundi, la batterie royale et les forts Louis, Mireuil (dit du Saint-Esprit qui n'avoit encore tiré) et Lafond, tirèrent depuis les neuf heures du soir jusqu'à quatre heures du matin des boulets à feu. Ce fut néanmoins sans tuer ni blesser personne ni mettre le feu en aucune maison, et ce, au moyen de la pourvoyance qu'on y apporta, ayant mis des sentinelles aux clochers, qui aussitôt que le boulet étoit tombé, crioient pour avertir du lieu, où les particuliers l'alloient chercher avec une griffe de fer faite expressément pour cela, les saisissoient aisément et les portoient en rue.

» Le mardi, 10, le Maire ayant eu avis que les assiégeants faisoient miner les premières maisons ou masures de Lafond à cinq cents pas de la ville, fit sortir par la porte de Cougnes deux compagnies d'infanterie de quinze à vingt chevaux pour en savoir la vérité. Cette sortie n'ayant pu rien découvrir de ce qu'on avoit désiré de savoir, le Maire, en tout évènement, fit creuser au milieu du fossé depuis ladite porte jusqu'au boulevard de l'Évangile.

» Le 12, de la nuit de mercredi venant au jeudi, sur les quatre à cinq heures du matin, un boulet à feu, venant du fort Louis, mit le feu dans une des maisons de l'hôpital qui se trouvant pleine de foin et de paille, il y eut bien de la peine à éteindre, et y fût tué un homme et un autre blessé d'un coup de canon tiré dudit fort Louis, qui en délâcha jusqu'à vingt pendant que le feu dura. L'hôpital ne reçut néanmoins aucun dommage au moyen du secours qui fut diligent.

» La nuit du samedi venant au dimanche 15, un boulet à feu, venant de la batterie royale, tua une ronde comme elle alloit du les sept heures du soir à Chef-de-Bois, au-dessus des navires du Roi, et ne fut tiré aucun coup de canon par eux que deux ou trois coups, et par

corps-de-garde de la porte de Cougnes à celui du bastion des Grands-Lapins.

» Le mardi au matin 17, et dès l'aube du jour, le Maire fit sortir par la porte de Cougnes, vingt-cinq chevaux et cinq compagnies d'infanterie avec quelques volontaires pour découvrir de nouveau si les assiégeants faisoient travailler comme on avoit dit aux premières maisons de Lafond, mais ils n'y trouvèrent personne, ni apparence de travail.

» Le mercredi venant au jeudi 19, sur le minuit, ceux de Lafond vinrent abattre et raser à fleur de terre les maisons à demi rompues des moulins de Lafond, près la ville, et delà mirent le feu à trois moulins les plus proches. Il fut tiré cette nuit là cent soixante-cinq coups de canons, toutefois sans tuer ni blesser personne.

» Le lundi 23, sur les deux à trois heures après midi, le Roi arriva pour la seconde fois devant la Rochelle, ayant fait ses Pâques à Surgères. Pour sa bienvenue, on délâcha trois fois le canon de toutes les batteries et navires et surtout furent envoyés plusieurs boulets à feu sur la ville.

» Le mardi 24, sur les onze heures du soir, un boulet à feu, venant de la batterie royale, mit le feu dans une maison pleine de foin et de paille devant le clocher de Saint-Barthélemy joignant la grande école, qui est l'un des magasins de la ville, et fut cette maison presque toute brûlée.

» Le dimanche 2 de mai fut fait maire, au lieu de Jean Godeffroy, escuyer, sieur du Richard, Jean GUITON, escuyer, sieur de Repose-Pucelle (paroisse de la Jarne), le même qui avoit été amiral pour les Rochelois ès-guerres de 1621 et 1625.

» Le mardi 4, il fut trouvé à la côte de Saint-Nicolas un petit coffret de planches de sapin bien clos, dans lequel étoit un billet avertissant les Rochelois de prendre garde à eux, et qu'en peu de jours ils devoient être attaqués en plusieurs endroits et

ceux qui étoient à la pointe de Chef-de-Bois à terre, quelques dix ou douze coups qui nous firent reconnoitre ladite armée angloise et que cela étoit son avant-garde, ce en quoi nous fûmes trompés.

L'entrée du capitaine Vidauld venant d'Angleterre.

Le dimanche, 14 dudit mois, entre le capitaine Vidauld (ou Vidault), sur les dix heures du soir, par la Chaîne, dans un petit esquif ou bateau accompagné de deux matelots anglois pour apporter nouvelles certaines de l'armée mouillée audit lieu de Chef-de-Bois avec lettre et assurance que le reste de ladite armée seroit bientôt ici, et passa à la nage dans ledit bateau au travers des navires de l'armée du Roi et de la palissade, sans l'avoir jamais pu empêcher, quelque diligence qu'ils y purent apporter.

Retour des navires qui étoient venus pour ravitailler la ville.

Le jeudi, 18 dudit mois de mai, ladite armée angloise voyant n'avoir aucune nouvelle de cette

principalement à la Chaîne et au fort de Tasdon et qu'il seroit jeté dans la ville force feux d'artifice. »

Voir JEAN GUITON, DERNIER MAIRE DE L'ANCIENNE COMMUNE DE LA ROCHELLE, 1628, par M. P.-S. Callot (1872); — nos MARINS ROCHELAIS, et l'HISTOIRE DE L'EUROPE SOUS LE RÈGNE DE LOUIS XIII, par Le Vassor.

Les MÉMOIRES DE PONTIS, publiés pour la première fois en 1676, qui présentent le plus de particularités sur le caractère de Guiton, ne semblent pas mériter une entière confiance.

ville et voyant ne pouvoir passer qu'avec beaucoup de risques, vu que les navires de guerre du Roi étoient rangés fort proches de la palissade et qu'ils avoient non-seulement à combattre lesdits navires de guerre qui étoient vingt-cinq à trente vaisseaux, mais la palissade des navires à foudre et qui flottoient au nombre de 70 ou 80, se résolurent s'en retourner et faire savoir notre état pour tâcher à s'en revenir avec plus de forces, ce qui étonna grandement le peuple de cette ville et bourgeois, ledit jour sur les six heures du soir et étoit général en ladite armée M. le comte d'Aleby (d'Emby ou d'Embey), anglois, beau-frère de M. Bouquinquan.

Arrivée de la Lande venant d'Angleterre.

Le 10 juin, audit an, arriva en cette ville le sieur de la Lande venant par terre d'Angleterre et apportant lettre du Roi à Messieurs de cette ville, où on les assure de promptement leur envoyer du secours par mer, et que pour cet effet, lors du départ dudit sieur de la Lande, on commençoit à faire l'embarquement.

Arrivée du sieur de Saint-Martin d'Angleterre avec lettre du Roi et des députés de la ville.

Le mercredi, 21 de juin 1628, sur les onze heures du soir, arriva à la porte Saint-Nicolas, où nous étions en garde, le sieur Saint-Martin venant d'Angleterre, lequel avoit mis pied à terre à la

Tremblade par le moyen d'une patache qui l'avoit amené exprès; s'en vient dudit lieu ici par terre où il apporte lettre du Roi d'Angleterre par laquelle il nous promet tout aide et secours au plus tôt qui lui sera possible, ce qui est confirmé par la lettre de nos députés, lesquelles lettres furent, dès ladite heure, délivrées à M. le Maire, pour avoir été ladite porte, ouverte tout à l'heure et se trouvèrent lesdites lettres datées de deux jours auparavant celle du sieur de la Lande. (1)

Feret arrive d'Angleterre à l'armée du Roi avec lettres et mémoires.

Le 2 dudit juillet, vint nouvelle en cette ville que Feret, ayant lettres et mémoires, venant d'Angleterre, s'étoit rendu au quartier du Roi et avoit exhibé toutes lesdites lettres et mémoires et averti le Roi de tout ce qui se passoit en Angleterre.

Prise de M. de la Grossetière venant d'Angleterre.

Le 14 dudit mois, vinrent nouvelles que M. de la Grossetière, retournant d'Angleterre, passant par la Normandie, fut arrêté au lieu de Dieppe et depuis fut amené à Sa Majesté où l'on tient qu'il a assuré que l'embarquement de ladite armée

---

(1) De la Lande (David), né en 1570, marié : 1° en 1593 à Sarah Girault, 2° à Elisabeth Huet; nommé en 1627 membre de la Chambre d'Amirauté.

angloise étoit fait et qu'elle étoit en mer, ce qui occasionna sadite Majesté de presser tant de jour que de nuit à faire travailler à la digue et de la faire parachever.

La Roze pendu comme traître.

Le 19 dudit mois, audit an 1628, le nommé Jean Dumont dit la Roze, natif de la ville de Bordeaux et marié en cette ville, fut pendu à la place du Château et sa tête mise sur la porte de Cougnes pour avoir été atteint et convaincu de trahison et déserteur des Églises, par le moyen et entremise qu'il avoit avec M. le duc de Lisembourg et de M. le Cardinal qui l'avoit envoyé par devers M. le duc de Rohan et des villes de Montauban, Castres, et autres villes de Languedoc et Biard (Béarn), auxquels aussi bien qu'à ceux de cette ville leur avoit fait de faux rapports afin de les intimider et empêcher de se joindre avec ceux de cette ville.

Le 22 dudit mois, fut pendu le nommé Pierre du Bourg, qui autrefois avoit été archer du prévôt de Niort et s'étoit retiré en cette ville, et marié avec la sœur de l'hôtesse du Gros-Bouchon de la rue du Minage, belle-mère de Presset, hôte de la Roze en ladite rue du Minage, pour être accusé d'avoir entrepris sur cette ville et d'avoir écrit aux ennemis et fait porter les lettres par son fils. Mis à la question, accuse ledit Presset et les deux Francs demeurant en ladite rue, et renvoye de leurs nommations un nommé Giraud, portefaix, demeurant en cette ville, natif dudit Niort, ce néanmoins étant près à faire mourir, dit qu'il les avoit accusés faussement et qu'ils n'étoient en rien coupables et par ce moyen furent relâchés et mis en liberté.

Emprisonnement de M. l'assesseur Collin.

Le vendredi, 4 d'août, audit an 1628, fut mis prisonnier M. Collin, [1] assesseur criminel, à l'issue du conseil tenu ledit jour extraordinairement, pour quelques propos qu'il avoit tenu, et fut la capture faite par M. le Maire accompagné de tout le Corps au nombre de soixante ou quatre-vingts et fut nommé commissaires des personnes M. de Fief-Mignon, eschevin, et M. Rifaud, pair, pour voir et visiter en sa maison, et fut trouvé en son étude un procès-verbal qu'il avoit fait avec tous les conseillers qui étoient pour lors en cette ville, signé seulement de lui et des sieurs Ferrières [2] et des Martres, [3] M. de la Morinière et les autres seulement présents.

---

(1) Collin, Raphaël, écuyer, sieur des Houmeaux (paroisse de Villedoux), né en 1581, épousa en 1637 Blandine Benureau, exerça les fonctions de lieutenant particulier, assesseur criminel de 1605 à 1645. Il portait « de sinople à un cygne d'argent. » Il mourut le 18 septembre 1647, laissant des mémoires inédits sur l'histoire de son temps.

(2) De Ferrières.

(3) Gaspard Pandin, sieur des Martres, fut le dernier des conseillers protestants au Présidial de la Rochelle. Il avait été nommé

Sortie de M. des Martres et de M. de Ferrières, conseillers en cette ville.

Ledit jour, M. de Ferrières et M. des Martres, sachant l'emprisonnement dudit sieur Collin, se résoudent de s'en aller et, d'effet, ledit sieur des Martres fut trouver ledit sieur de Ferrières à la porte de Maubec, où ils étoient de garde, et tous deux laissant leurs manteaux en garde à un des soldats de la porte, feignant s'aller promener dans le fief de Foye, prirent le chemin droit au Plessix et de là montèrent tout au travers du fief de Gourville et se rendirent au fort de Beaulieu, ce qui fut aperçu tant par ceux de ladite garde que de ceux qui étoient à la porte de Cougnes, où ils condamnent M. le Maire à faire l'amende honorable, pieds nus, tête nue, la torche au poing et tous ceux du conseil de guerre et qui l'assistoient, solidairement, en vingt mille livres d'amende envers le Roi avec plusieurs autres peines portées par ledit jugement.

Prise de M. de Feuquières.

Le mardi, 5 de septembre 1628, vint M. Arnauld, beau-frère de M. de Feuquières, prisonnier en cette ville, après avoir employé plusieurs amis pour

---

en 1614. Il épousa en premières noces Anne d'Argis, en secondes noces Suzanne le Royer, et mourut à 80 ans, le 24 septembre 1662. Il portait : « d'azur à trois pals d'argent, au chef d'or. » La famille Pandin professe encore aujourd'hui la religion protestante et compte de nombreux représentants.

avoir ledit sieur de Feuquières et ne pouvant parvenir à l'avoir comme il désiroit, d'autant que l'on ne vouloit point rendre et laisser aller avec conditions qu'on rendroit tous les prisonniers, qui étoient retenus par lesdits ennemis depuis la venue des Anglois jusqu'à présent, tant des habitants de cette ville que soldats et étrangers, et surtout M. de la Grossetière, [1] gentilhomme fiancé avec la damoiselle d'Aigrefeuille de cette ville, qui avoit été pris venant d'Angleterre en cette ville, ce à quoi ne pouvant parvenir et aussi que ce n'étoit pas sa principale intention, fit quelques propositions aux commissaires nommés pour parler à lui, au lieu de la porte de Cougnes, desquels étoient M. Fief-Mignon et M. Ritaud pour le Corps-de-Ville, et M. Moquay, procureur bourgeois, auxquels, après plusieurs discours pour ledit sieur de Feuquières, prisonnier, leur fit quelques amertumes et la paix, [2] et fait quelques propositions de part et d'autre; ledit sieur Arnauld [3] se retire et remet à leur rendre réponse au lendemain.

(1) De la Grossetière, gentilhomme du Poitou, qui avait heureusement traversé les lignes de l'armée royale, dans la nuit du 21 mai, et porté les lettres des assiégés, arrêté à Dieppe à son retour d'Angleterre, fut décapité après la soumission de la Rochelle. Sa tête tranchée fut envoyée à la Rochelle pour être mise au haut d'une lance sur la tour de la Lanterne. « Cela fera mourir sa fiancée, » écrivait le garde des sceaux, Michel de Marillac, le 27 novembre, au Cardinal.

(2) Il faut lire probablement : « ouvertures de la paix. »

(3) Arnault, maître de camp des Carabins du Roi (Mervault).

Retour du sieur Arnauld.

Le lendemain, 6 dudit mois, ledit sieur Arnauld revint pour la seconde fois, où il se fit quelques propositions, lesquels il faisoit fort ledit sieur Arnauld qu'envoyant personnes avec lui de la part de cette ville, sans le vouloir tirer à conséquence, ce qui fut accordé, et que le lendemain ledit sieur Arnauld venant, l'on en y enverroit avec lui deux qui seroient nommés de cette ville pour ouïr les propositions dudit sieur Cardinal.

Le lendemain jeudi, 7 dudit mois, furent nommés de la part de la ville, M. Rifaud, pair, et M. Journaud, avocat, pour aller par devers ledit sieur Cardinal, et vint ledit sieur Arnauld ici au lieu de la porte de Cougnes, où ils furent avec lui au lieu de Rompsay, où ledit Cardinal les attendoit et, après plusieurs discours tenus de part et d'autre, lesdits sieurs Journaud et Rifaud connurent qu'il y avoit quelque apparence que l'armée angloise, à nous ci-devant promise, et de laquelle nous n'avions pu rien apprendre, tant à cause de la détention de M. de la Grossetière et d'autres qui étoient envoyés par nos députés qui étoient en Angleterre, que quelque accord étoit fait entre les deux Rois, et dont on présumoit qu'on nous taisoit et ne conclurent rien et s'en vinrent sans rien faire, et furent conduits par ledit sieur Arnauld audit lieu de la porte de Cougnes.

Arrivée des sieurs Mainie et Beaumont d'Angleterre, portant de sûres nouvelles de l'armée angloise.

Vendredi, 8 dudit mois de septembre 1628, arrivèrent sur les 10 heures du soir, les nommés Mainier (Maynet) et Beaumont, de cette ville, venant d'Angleterre, et mis à terre à la rivière de Bordeaux près de Royan, où ils rapportent à M. le Maire ledit jour, étant entré à la porte Maubec, qu'ils étoient envoyés de la part du sieur Pierre de Hinsse, l'un de nos députés en Angleterre, pour nous donner avis que ladite armée angloise étoit prête de partir et que pour cet effet le rendez-vous étoit à l'île de Houict (Wight) et Portsmud, laquelle étoit composée de quatre-vingts grands navires de guerre, vingt ramberges, quatorze galiotes et quarante brulôts, dont le capitaine Bourguis étoit amiral, avec plusieurs autres navires portant munitions de guerre et de bouche, et doivent commander le duc de Bouquinquan à l'armée navale et le comte d'Exces (d'Essex) à ceux qui mettront pied à terre, de quoi on fait état de 25,000 hommes de pied et mille deux cents chevaux reîtres, et étoient bougés dudit lieu de Plymouth, en Angleterre, il y avoit quinze jours et leur avoit été assuré par ledit de Hinsse que ladite armée étoit prête à bouger dudit lieu de Portsmud et qu'elle seroit aussitôt qu'eux par de ça et qu'il ne leur restoit que deux régiments d'infanterie à embarquer et que le Roi d'Angleterre étoit présent pour faire ledit embarquement.

Prix que valoit le blé et autres munitions, avant que l'armée angloise parut.

L'on remarquera qu'audit temps le boisseau de blé se vendoit cent dix à six vingts livres le boisseau, mesure de rive ; la livre de pain, 60 sols ; le biscuit, 40 sols la pièce, qui n'étoit que demi-livre, et y avoit plus de deux à trois mois que la plupart du commun peuple ne mangeoit de pain et vivoit d'herbes qu'il prenoit sur les marais nommés, par les paysans et sauniers, *présau*, et par d'autres *pourpié sauvage*, et de toutes autres sortes d'herbes et coquillages et poissons, pêchés sur lesdits marais et en les fossés de la ville, comme meugles, anguilles à grand nombre, et force de petites chevrettes. Le vin de Bordeaux se vendoit 80 écus la barrique, qui est le tonneau, 320 écus, et vendu jusqu'à mille livres le tonneau ; la pinte se vendoit 35 sols ; le vin de pays fort vert, de la présente année, recueilli en les fiefs de Foy, de la Rouche et de Gourville, que celui de Ré, au prix de 55 à 60 écus la barrique, qui est le tonneau 700 livres, et la pinte se vendoit communément 20 et 24 sols, et le meilleur ; la chair de bœuf et de vache a été vendue 55 et 60 sols la livre ; une vache a été vendue 700 livres, et une autre 120 pistoles, qui font 772 livres 10 sols. La chair de cheval et de cavale se vendoit 40 et 45 sols ; il y a eu tel âne qui a été vendu 200 livres, les moutons et ouailles se vendoient 90 livres et 100 livres la pièce ; le quartier, 18 et 20 livres, jusqu'à 25 livres; le haut côté, 9 et 10 livres; la poitrine, 8 et 9 livres; et s'en trouvoit toujours pour de l'argent, les samedis à la boucherie; les poules se vendoient 6 et 7 livres la pièce; les œufs, 10 et 12 sols la pièce; le beurre, 4 et 5 livres la livre; la morue, 55 et 60 sols la livre. Il y avoit en cette ville grand nombre de sucre qui ne se vendoit du commencement que 10 et 12 sols la livre, finalement le peuple ne trouvant autre chose à manger et y mettant la presse, se vendoit 35 et 40 sols; la cassonnade, 45 et 50 sols. Le sucre, les herbages de jardin étoient merveilleusement chers, encore qu'il y en avoit grand nombre, tant à la ville neuve qu'ailleurs, de telle façon que la feuille de chou se vendoit un sol la pièce, et le brin de porée autant, encore qu'il fut bien petit; quelques melons ont été vendus 10 livres la pièce, et les concombres, 8 à 10 sols la pièce. Ce qui faisoit que les herbages étoient ainsi chers, c'est que la plupart des soldats voloient de nuit les jardins, par la disette qu'ils avoient du pain, d'autant plus qu'audit temps, il n'en avoit que demi-livre par jour, et encore ceux qui ne leur en pouvoient donner, leur donnoient 25 sols par jour, tellement qu'ils ne pouvoient guère rien avoir pour si peu d'argent, et étoient contraints, la plupart avec le commun peuple, en ce mois ici, sortir au soir pour aller quérir du vergne, et sortoient trois et quatre cents personnes, tous les soirs, tant hommes que femmes et enfants, en apportoient un fort grand nombre qui faisoient un merveilleux

4

bien, et le faisoient confire avec sucre et cassonnade, ce qui la fit grandement enchérir; tellement que les ennemis s'en étant aperçus, s'avisèrent de les empêcher et les renvoyant la plupart tout nus, et d'autres qu'ils tuoient, ce qui fut cause qu'elle enchérit grandement, tellement que la livre se vendoit 7 et 8 sols, et y en avoit tel qui en apportoit un plein sac qui en tiroit 8 et 10 livres et davantage. Il faisoit une telle froidure en ledit mois, que plusieurs mouroient de froid, en allant de nuit pour amasser ladite vergne, et finalement, après avoir longtemps enduré de faim, se mouroient grand nombre du peuple, qu'il ne passoit guères jour qu'il n'en fut enterré cent et six-vingts. Les cimetières étant tellement labourés que l'on ne savoit où mettre les corps et il y avoit toujours huit ou dix hommes qui ne faisoient que faire des fosses depuis le matin jusques au soir; et s'est trouvé, à l'issue des prêches et des prières, à beaucoup de cimetières, des huit et dix corps tout à la fois.

Arrivée du nommé Martin, portant nouvelles assurées de l'armée angloise.

Le lundi, 25 de septembre 1628, arriva le nommé Martin, boulanger, demeurant vers Cougnes, lequel il y avoit cinq à six semaines qu'il étoit sorti de cette ville pour aller voir ce qui se passoit, lequel rapporta que pour certain, il étoit arrivé au quartier du Roi deux marchands normands, lesquels avoient été fort longtemps en Angleterre, et au lieu où étoit l'armée angloise, lesquels assuroient à Sa Majesté qu'elle étoit fort puissante, et même la plus grande part étoit embarquée, et que, du premier beau temps, ils seroient aux côtes de deçà; et arriva à l'instant une barque bretonne, laquelle assura avoir vu l'armée en mer, et même avoir été cachée par eux avec trois autres barques de ses voisins, lesquelles avoient été prises, ce qui fait que le Roi fit travailler avec toute diligence à la digue et à la palissade, et de jour et de nuit, pour tâcher de la parachever, y mettre grand nombre de machines qu'il avoit encore à appuyer, ce qui nous fit voir la chose encore plus vraie, et qui donna quelque espérance de leur venue, et les voir bientôt.

Le lendemain, 26 dudit mois, furent nommés commissaires de toutes les paroisses pour voir et visiter les maisons, les vivres et munitions de bouche que chacun pourroit avoir, pour en donner aux disetteux, et s'en trouva en plusieurs et divers endroits, et surtout quelques cinq cents boisseaux de blé que l'on fait porter à la maison de ville, et prend-on l'état du reste des provisions que chacun pouvoit avoir, afin d'en faire assister aux autres, qui en étoient en nécessité pour voir le temps que l'on pouvoit tenir.

*Arrivée de M. de Chamflory, venant par terre d'Angleterre
et apportant les nouvelles que l'armée étoit prête de bouger.*

Le jeudi, 28 dudit mois de septembre, arriva M. de Chamflory, gentilhomme de Périgord, sur les onze heures du matin, par la porte de Saint-Nicolas, venant d'Angleterre, ayant des lettres de MM. David et Vincent, députés de cette ville, adressées à M. le Maire, et une de M. de Soubize à Madame sa mère, par laquelle on leur mande l'état de l'armée et l'assassinat de M. de Bouquinquan, comme l'armée se préparoit pour notre secours, et que même M. le comte de Laval (frère du duc de la Trémoille) [1] étoit arrivé ce même jour pour s'embarquer en icelle, ce qui fut confirmé par ledit sieur Chamflory, avec autres nouvelles tant de ladite armée que ce qu'ils avoient

---

(1) Le comte de Laval, sur la flotte anglaise, devant la Rochelle, 20 décembre 1628.

A Madame, Madame la duchesse douairière
de la Trémoille,

Madame, l'honneur que je viens de recevoir par la lettre de votre Excellence qui me croyoit en Hollande, m'oblige à changer la résolution que j'avois prise de ne lui écrire point qu'au retour du voyage où, non-seulement la cause que je tiens générale, mais les obligations particulières que j'en ai à Monseigneur votre fils, m'obligent de m'embarquer avec lui. Car encore que les advis que je lui porte de ce pays le deussent dissuader d'y venir, et que si j'eusse eu quelques persuasions assez suffisantes de moi, je les y eusse volontiers adjoustées, si est-ce, Madame, que l'y voyant résolu, je n'ai pas cru devoir refuser le commandement qu'il m'a fait de l'y suivre. Votre Excellence sait despuis quel temps

pris par le chemin, ce qui réjouit grandement le peuple de cette ville, et même de ce que l'armée étoit bougée depuis son départ, comme c'étoit la vérité, comme il se verra ci-après.

Arrivée de l'armée angloise pour le secours de la Rochelle, le 28 de septembre 1628.

Ledit jour, sur les 4 heures après midi, fut vu entrer soixante-dix ou quatre-vingts navires par le pertuis Breton, que l'on jugea être ladite armée et ce qui le fit plutôt croire, ce fut qu'ils vinrent mouiller l'ancre devant le Fief-d'Ars où la citadelle de Ré tira trois coups de canon et mit le feu sur le lieu le plus éminent de la citadelle; ce que voyant, ceux de Rivedoux en firent le semblable, et la batterie

---

Monseigneur le duc m'a donné sujet de prendre de lui le congé que je lui ai demandé par votre faveur. Puis donc que je suis libre de là, ne me seroit-ce pas une honte de refuser de servir son plus proche en une occasion que je crois si juste qu'en vérité, je crois que tout homme né François et de la Religion y doit porter, sinon sa personne, au moins ses vœux et ses prières très ardentes à Dieu pour l'accomplissement d'une entreprise qui ne peut être exécutée qu'au soulagement de toutes les églises de France envers lesquelles le courroux du Roi étant appaisé, ceux qui n'ont pas suivi les mouvements du Conseil de Sa Majesté depuis quelque temps en ça trouveront non-seulement grâce devant elle, mais encore, comme j'espère, très bon gré de s'être opposés aux violences de ceux qui, sous prétexte de religion, aspirent à une autorité dont la suite seroit préjudiciable à l'autorité royale et au royaume, ce que je supplie très humblement votre Excellence de recevoir celui qui n'a jamais rien préféré à son service et de

de Chef-de-Bois qui regarde la pointe de Coureille, tira pareillement trois coups de canon, ce que voyant ceux de cette ville leur firent le signal désigné

votre illustre maison pour une cause très véritable du bon dessein qui amène mondit seigneur votre fils à la deffence particulière d'une ville où le nom de Dieu est purement invoqué; et aussi ceux qui le déconseilloient d'y venir, étoient contraints de lui avouer que ses compassions étoient justes, mais ils espéroient la paix avant le sac et l'embr ement de la Rochelle. Le soin que votre Excellence daigne prendre de ceux qui la servent m'a fait jouir de l'honneur... de prier Dieu... de continuer et d'augmenter à elle et aux siens ses saintes bénédictions, relevant bientôt Monseigneur le duc du dangereux pas où il s'est précipité à son grand préjudice et au grand regret, non-seulement de ceux de notre profession, mais de la plupart des autres qui l'ont eu en estime. Pour moi je suis résolu de l'honorer toute ma vie, quelque traittement que j'aie reçu de lui et désire vivre et mourir, Madame, votre très humble et très obéissant et très fidèle serviteur.

CHATEAUNEUF,

Gentilhomme de la maison de la Trémoille.

De Porsmuth, le 3 ou 13 septembre 1628.

La flotte s'en va dedans deux jours; la mort du duc de Bouquingan ne l'a point du tout retardée.

Olographe.

On ne sait si le Roi sait ou veut savoir que Monseigneur le comte soit en l'armée angloise... Il n'en a d'ailleurs rien fait dire à Monseigneur (le duc). On dit que M. de Botru l'aîné ayant eu commandement d'aller avec milord Montaigu dans l'armée angloise et M. de l'Isle aussi... et étant au bord amiral — et cela fut lundi dernier — Monseigneur de Laval parut et voulut s'advancer vers le sieur de Botru pour l'embrasser, que lors ledit sieur se détourna foignant de ne le voir pas et que milord Montaigu lui dit: « C'est M. de Laval qui vous veut embrasser. » Il répondit : « M. de Laval, ce n'est point lui, il n'y a point ici de François de cette

entre eux qui étoit de tirer trois coups de canon du clocher de Saint-Berthommé et un de celui de Saint-Sauveur et mettre le feu au haut de la tour de la

sorte et qualité là, » et ne lui parla point. Et on dit qu'il fit cela pour n'être point obligé de dire qu'il eût vu là Monseigneur de Laval.

La procédure me semble bonne et judicieuse, et me faut croire que peut-être le Roi veut ignorer qu'il soit là, et si cela est, il vaudroit mieux le taire que d'en parler ni faire parler. Et si aussi le Roi sait et veut savoir qu'il y soit, il est à croire que les Anglois par leur traité mettront tous ceux qui sont avec eux en sûreté, et si le traité ne se fait et qu'on en vienne au pire, Monseigneur a la promesse de la confiscation de son bien. Pour moi, je ne doutte toujours qu'il soit là de la sorte qu'on dit, à savoir comme simple volontaire, et si cela est, c'est certes un malheur et particulier de s'y être mis la veille d'un traité... A présent il n'y a aucune communication entre les armées et Monseigneur n'estime pas qu'il fût bon de faire demande de porter une lettre à Monseigneur son frère, lequel on assure se porter très bien et que peut-être on en seroit refusé.

Si l'on demande permission de ce que dessus ce sera ne révoquer plus en doubte ce que peut-être on y veut laisser.

D'IRAY,
Sergent de bataille de l'armée navale du Roi.

Olographe.

Le cachet en cire rouge porte [d'azur] à trois roses [d'or] 2. 1. Ces armoiries furent attribuées par lettres patentes de Louis XIII du mois d'avril 1625, conférant la noblesse à Jean Rogier, sieur d'Iray, auteur de cette lettre. (Beauchet-Filleau).

Extrait d'une lettre de M. d'Iray à Madame de la Trémoille la mère, datée de Saint-Rogatien le susdit jour.

Communiqué par M. Paul Marchegay.

Lanterne, ce qui fut encore réitéré le lendemain. Toutes sortes de munitions de bouche étoient hors de prix et surtout lorsque l'armée parut, tellement que le picotin de froment se vendoit vingt-quatre livres, qui est le tonneau mille deux cent neuf livres, et le lendemain ne valut que douze livres; le biscuit se vendoit quatre livres la pièce pesant six ou sept onces, que le lendemain on bailloit à quarante sols, tellement que tout étoit rabaissé de moitié en ce même temps, quoique ce soit le samedi précédent, la livre de bœuf, ou quoique ce soit de vache, valoit quatre livres, et trois livres la livre de chair de cheval, et la moulue trois livres dix sols et quatre francs la pièce et la livre; les poules douze livres la pièce, et les œufs vingt et trente sols la pièce ; le vin, trente-cinq et quarante sols la pinte, mesure de rive, qui est le tonneau treize à quatorze cents livres, jusqu'à mille quatre cents cinquante livres, et celui de Bordeaux le tiers plus, qui est deux mille livres plus, et ne s'en trouvoit encore guères, et pas pour ceux qui en eussent voulu avoir; la pièce de bœuf, seize, dix-huit et vingt sols la livre, toute apprêtée, jusqu'aux palourdes [1] qui valoient trente-deux sols le cent et tout le reste à l'équivalant; la livre de sucre et de cassonnade, trois livres dix sols et quatre francs la livre, bref, le prix étoit si excessif, à voir le lait trente-cinq et quarante sols la pinte.

---

(1) Venus decussata. (Linné).

Arrivée de quelques navires anglois par Antioche.

Le vendredi, 29 dudit mois de septembre, jour de Saint-Michel, ladite armée, avec quelques cent ou six-vingts vaisseaux, vint mouiller en le coureau, devant l'anse de Pampin.

Le samedi, 30 et dernier jour de septembre, arrivèrent encore quelques dix-huit ou vingt navires, venant par Antioche, qui se joignirent à ladite armée et bougèrent d'icelle trois pataches qui vinrent à Chef-de-Bois pour reconnoître l'armée du Roi qui étoit mouillée devant la pointe de Chef-de-Bois, au nombre de vingt-cinq à trente grands navires et autant de petites pataches et galiotes, sans faire aucun semblant de lever l'ancre pour aller après eux ni leur tirer aucun coup de canon, à leur arrivée, au contraire en fut tiré un par la première passant près d'eux et finalement, sur les quatre heures du soir, lors de la pleine mer, vient toute l'armée angloise à Chef-de-Bois qui tire de part et d'autre quelques coups de canon, comme pareillement ceux de cette ville sur ceux de l'armée du Roi, et y avoit quelques six à sept navires de l'armée angloise, tant grands que petits, et ne surent rien faire pour ce jour là, bien qu'ils eussent le vent et la mer fort favorables pour cela.

Armée angloise lève l'ancre, feignant se vouloir battre.

Le dimanche, premier jour d'octobre, l'armée angloise lève l'ancre sur les trois heures après midi, pensant combattre celle du Roi, mais le vent ne leur fut pas favorable, et fut un grand calme, qui fut cause qu'elle ne donna pas. Cependant l'armée du Roi fut en bataille des deux côtés des pointes, tant à pied que de cheval, jusque sur les six heures du soir, qu'ils se retirèrent.

Le lundi, 2 dudit mois, le vent fut contraire et même faisoit calme, qui fut cause que l'armée angloise ne s'émancipa de rien faire tout le jour.

L'armée angloise mouille l'ancre la seconde fois pour combattre.

Le mardi, 3 dudit mois d'octobre, sur les six heures du matin, l'armée angloise mit à la voile et vint proche de l'armée du Roi et de la palissade, et ne put rien faire, tant à cause du vent qui n'étoit que sud-ouest et vint au nord-est, qu'aussi de la marée qui commença à perdre sur les huit heures; ce que voyant, ladite armée angloise, après avoir furieusement canonné tant l'armée du Roi que la palissade, se retira en la rade de Chef-de-Bois, à la portée du canon des deux points, qui les avoit aussi furieusement canonné, qui dura des deux côtés plus de deux heures où il se tira des deux côtés plus de deux mille coups de canon.

L'armée angloise met à la voile pour la troisième fois pour vouloir combattre.

Le mercredi, 4 dudit mois d'octobre, ladite armée angloise met à la voile dès les cinq heures du matin pour venir attaquer l'armée du Roi qui étoit proche de la palissade, et tira force coups de canon de part et d'autre, ce qui continua jusque sur les neuf heures, où l'on fait état qu'il s'étoit tiré plus de deux mille cinq cents coups de canon, sans avoir pu rien faire, à cause que le vent étoit sud-est et qu'il ne ventoit pas beaucoup, qui fut la cause qu'ils se retirèrent pour la troisième fois, et en se retirant firent brûler six ou sept vaisseaux apprêtés pour brûler qui prenoient l'eau, et fut tué audit combat, tant par les Anglois que par ceux de cette ville, grand nombre de seigneurs et gentilshommes soldats, tant sur la digue et forts de Coureilles et navires, sans qu'il fut tué un seul capitaine de l'armée angloise.

Les jeudi, vendredi et samedi suivants, étoit le mort de l'eau et aussi qu'il ventoit à tourmente de vent sud-ouest, qui fut cause qu'il ne se fit rien de part et d'autre.

Arrivée de Chardavoine et de la Verdure venant de l'armée angloise.

Le dimanche matin, 9 dudit mois d'octobre, vinrent de l'armée angloise les nommés Chardavoine et la Verdure qui furent mis à terre la nuit à Fouras où ils apportèrent certaines nouvelles de l'armée, de l'affection qu'elle avoit à notre secours et délivrance, et pour cet effet attendirent le gros de l'eau qu'ils espéroient, avec l'aide de Dieu, entrer, fut-ce au péril de leur vie, et qu'ils avoient grand nombre de vivres de toute sorte, ce qui fut confirmé par lettre qu'écrit M. le comte amiral de l'armée angloise à M. le Maire et Messieurs de cette ville, et avec toutes sortes de protestations de nous secourir au gros de la marée, si Dieu donne le temps propice.

Arrivée d'un gentilhomme de la part du Roi au faubourg de Tasdon.

Le 15 dudit mois d'octobre, audit an 1628, vint M. Arnauld à Messieurs de cette ville avec assurance que l'on avoit donné à M. de Feuquières, son beau-frère, prisonnier de guerre en cette ville, à qui il avoit écrit le jour précédent, pour les voir sur quelques propositions à leur faire, ce qu'il fit sur les deux heures, hors la porte Saint-Nicolas, aux plus proches maisons d'entre le fort de Tasdon et la ville, avec promesse qu'il fit de retourner le lendemain.

Retour dudit Arnauld le lendemain où furent nommés des députés pour parler à lui.

Le lendemain, jeudi, 19 dudit mois, ledit sieur Arnauld retourna l'après-dîner aux même jour et même lieu, où furent nommés commissaires pour parler à lui, lesquels virent que les propositions faites

par ledit sieur Arnauld étoient tellement à notre
désavantage qu'ils lui interdirent de revenir plus s'il
ne vouloit dire autre chose ou qu'ils n'eussent
permission ou passeport pour parler avec ceux de
l'armée angloise, sans lesquels ils ne vouloient rien
faire que par leur avis et consentement; et est à
noter que depuis le 4 dudit mois, le vent fut toujours
au nord et nord-est qui étoit toujours contraire pour
les amener à la palissade, et même il ne ventoit que
bien peu et fit un grand calme jusques au 24 du mois,
et encore étoit-ce le mort d'eau, et quand le vent
eut été bon, ils n'eussent su rien faire, et cependant
nos ennemis font courir force bruit que l'armée
angloise étoit d'accord avec le Roi, et même que trois
milords avoient mis pied à terre et avoient vu Sa
Majesté, et l'un des milords, qui avoit nom le milord
Montagu,[1] avoit pris la poste pour aller en Angleterre le faire signer au Roi d'Angleterre et que
nous n'étions point compris en cet accord, et qu'il
nous seroit bien meilleur de faire notre accord
avec le Roi, pendant qu'il nous en donnoit le loisir.
Cependant, les vivres enchérissoient, même il en
s'en trouvoit quasi point pour or ni pour argent. Le

---

(1) Issu d'une ancienne maison d'Auvergne, lord Montaigu,
confident du duc de Buckingham, homme toujours prêt à lier
quelque nouvelle intrigue, fut mis à la Bastille, devint
plus tard, selon Le Vassor, l'espion et l'agent secret du cardinal
de Richelieu en Angleterre, et termina sa carrière comme abbé
de Saint-Martin de Pontoise.

picotin du blé froment se vend trente et trente-cinq livres le picotin, qui est à raison de trois cents livres le boisseau, mesure de rive, et le tonneau à 1,890 livres, chose aussi véritable qu'elle est incroyable ; pour le vin, quarante-huit et cinquante sols la pinte, mesure de ville, vin de Ré, et encore ne s'en vendoit pas à tous ceux qui en vouloient avoir, qui étoit le tonneau dix-huit mille neuf cent soixante-dix livres. La chair de vache se vendoit sept livres dix sols et huit francs la livre ; telle vache a été vendue douze cents livres, que l'on en a tiré, en la détaillant à la livre, plus de mille huit cents francs ; et le pain le même prix que le biscuit de demi-livre a été vendu dix livres la pièce, qui est au prix de vingt livres ; la livre de la peau de bœuf se vendoit trente-cinq et quarante sols ; la morue, cinq et six francs ; la livre de beurre dix et douze francs, comme pareillement l'huile d'olive ; une poule a été vendue dix et douze écus ; les palourdes et coquillages se sont vendus dix-huit et vingt sols le quarteron, quatre livres le cent. Le peuple meurt en cheminant, et s'en enterre tous les jours, l'un portant l'autre, plus de six et sept vingts, tant hommes, femmes que petits enfants de toutes qualités, même qu'il ne s'en trouve pas de menuisier pour faire les coffres à ceux de qualité, ni même de gens pour les porter, et fait-on état que l'on soit mort jusqu'à cejourd'hui, depuis deux ou trois mois, plus de huit mille personnes, chose que trop vraie et au grand regret de tous les gens de bien, n'ayant jamais vu pour aucune contagion qui ait été en cette ville, bien qu'il y en ait eu de grandes, pareille et semblable chose, priant Dieu qu'il veuille apaiser son ire et qu'il veuille se contenter!

Avantage que prend l'armée navale du Roi sur l'armée navale angloise.

Le dimanche, 22 dudit mois d'octobre, le vent continuant d'être toujours nord-est et ventant gros vent, ceux de l'armée du Roi prirent avantage, vu qu'ils avoient le vent propice, préparèrent, la nuit venant au lundi, quatre navires qu'ils pensoient mener pour faire brûler quelques navires de l'armée angloise, ce qu'ayant été découvert par de petites frégates ou galiotes angloises, ne purent s'en retourner à cause qu'elle étoit toujours trop avancée, tellement qu'ils furent contraints de mettre le feu en leurs brûlots près la pointe de Coureille.

L'armée angloise lève l'ancre pour la quatrième fois feignant vouloir combattre.

Le lundi, 23 dudit mois, l'armée angloise met à la voile sur les six heures du matin, n'ayant pas assez de vent ni d'eau pour les mener jusqu'à la palissade, se tire force coups de canon de part et d'autre sans se pouvoir guère rien faire, sinon ceux de l'armée du Roi qui devoient envoyer quatre brûlots pour gagner le vent pour parvenir à ladite armée angloise, ce que ne pouvant, furent contraints de mettre le feu en leursdits brûlots.

Feu mis à la porte de M. le Maire pour la seconde fois.

La nuit du mardi, 24 dudit mois, venant au mercredi, sur les onze heures du soir, fut mis le feu pour la seconde fois à la porte de M. le Maire, pensant mettre le feu en sa maison pour mieux exécuter le dessein qu'ils avoient sur la ville, à cause de nos faiblesses, et n'y avoit pas huit jours qu'ils avoient fait le semblable.

Feu mis au rateau de la porte de Cougnes.

Le mercredi matin, sur les six à sept heures du matin, l'ennemi met le feu au rateau de la porte de Cougnes, sans y faire que fort peu de dommages, étant les gardes de la ville descendus.

Arrivée de M. de Champservier venant de l'armée angloise.

Le jeudi matin, 26 dudit mois 1628, entra à la porte de Maubec M. de Champservier, venant de l'armée angloise, lequel nous assura de la bonté qu'ils avoient à nous secourir et qu'ils n'attendoient que le temps favorable et au péril de leur vie, ils ne laisseront perdre l'occasion de nous assister, apportant lettre à M. le Maire des principaux de l'armée pour cet effet.

Arrivée de M. Arnauld, pour la troisième fois, à Tasdon, et furent nommés députés pour parler à lui.

Ledit jour, M. Arnauld vient à Tasdon pour parler

à Messieurs de cette ville, et furent nommés commissaires pour parler à lui: messires Viette, Rifaud, Moquay, et M. de la Coste, [1] au lieu de M. Journauld, avocat.

Arrivée d'un tambour apportant passeport de M. le Cardinal à nos députés pour aller le trouver au lieu de la Sauzay.

Le vendredi, 27 dudit mois, vient un tambour qui apporta passeport de M. le Cardinal pour lesdits députés qui furent tout incontinent le trouver au lieu de la Sauzay, et vinrent le même jour, où ils rapportèrent qu'il étoit d'accord de la capitulation, et pour cet effet, ils avoient promis de leur rendre réponse dès le lendemain, sur les trois heures après-midi, et à faute de ce faire, ceux de cette ville ne seroient plus reçus à même capitulation, et que passé ce temps, il n'en falloit plus parler.

Prix excessif de toutes sortes de victuailles. Mort de plusieurs habitants de faim. Prix excessif des coffres pour les morts.

Cependant les vivres enchérissoient d'heure en heure, le picotin de froment, mesure de rive, vingt-deux, vingt-cinq et trente écus, qui est le tonneau

---

(1) Pierre Viette, écuyer, échevin; Jacques Riffault, pair; Elie Moquay et Charles de la Coste, bourgeois.

....; ⁽¹⁾ le vin, quatre et quatre livres dix sols la pinte, mesure de ville, qui est le tonneau.....; la chair de bœuf et de vache, dix et douze francs la livre ; ceux qui avoient des vaches les vendoient deux mille livres, et pour preuve, M. d'Angoulin ⁽²⁾ a vendu la sienne à ce prix; la volaille, 35 et 45 livres la pièce, les œufs 30 et 35 sols; l'once de sucre et cassonnade vaut 32 sols 6 deniers, qui est la livre 26 livres; jusqu'à la peau de bœuf qui se vendoit quatre francs la livre, car la plupart des habitants et soldats, et autres de qualité assez élevée, ont été nourris sans pain depuis trois et quatre mois en ça, qui engendra une si cruelle maladie que la plupart, après avoir bien langui et n'en pouvant plus trouver finalement, mouroit en languissant ; et même la plupart se souloient promener pour chercher leur vie, tomboient tout morts par les rues, et d'autres qui de faiblesse demeuroient et ne pouvoient se rendre d'où ils étoient éloignés, le lendemain rendoient l'âme à Dieu. ⁽³⁾ Et le plus

---

(1) Les chiffres sont en blanc sur le manuscrit.

(2) Jehan Berne, écuyer, sieur d'Angoulins, du Pont de la Pierre, de l'Hommée et de Jousseran, fils du maire de 1603 et de Claude Bigot, naquit en 1576, fut député en 1610 au synode national de Castres, comme ancien de l'Église de la Rochelle, et envoyé auprès du Roi en 1625 pour la ratification de la paix. Cette famille portait « d'azur à un aigle naissant d'or coupé d'argent à l'ours de sable. »

(3) « Durant l'horreur de cette faim, comme il y eut des exemples de cruauté, il y en eut aussi plusieurs de très grande charité en

grand mal et la plus dure affliction, c'est qu'en ce temps-là, il s'en mouroit en si grand nombre, que malaisément pouvoit-on trouver personne pour les porter en terre et même pour faire les fosses, à cause de la grande faiblesse qu'avoient les fossoyeurs et ceux qui assistoient à faire les fosses, étant contraints d'y employer les femmes, à cause de leur grande faiblesse, et pour les morts, la plupart étoit enterré sans coffre, à cause de la mort de la plupart des menuisiers qui étoient en cette ville et que le reste étoit si faible qu'ils ne pouvoient tenir les outils pour travailler. Il y en avoit trois ou quatre

la distribution gratuite que firent divers de ce qu'ils avoient de surabondant; combien que faisant comme les autres, ils eussent pu s'enrichir. Notamment j'ai eu connoissance du sieur Thinault, marchand, et d'un mien oncle, nommé sieur Duprat, qui ayant chez eux une très grande quantité de froment et autre blé, n'en vendirent un tout seul grain, mais le distribuèrent à tous ceux qu'ils jugèrent en avoir besoin, pour le leur rendre seulement après que Dieu auroit redonné la paix.

D'ailleurs il y en avoit qui faisoient des charités secrètes, desquelles personne n'a jamais pu découvrir les auteurs. Entre les autres, j'ai eu connoissance d'une qui m'a semblé mémorable. Le sieur de la Goute, avocat du Roi honoraire, avoit une sœur veuve d'un marchand nommé Prosni, qui étoit une forte honnête femme et charitable, de sorte que la famine commençant à être plus âpre que l'ordinaire, elle assistoit libéralement les pauvres. Sa belle-sœur, femme dudit sieur de la Goute, qui étoit d'autre humeur, l'en reprenoit, et lui demanda un jour en colère ce qu'elle feroit quand elle auroit tout donné; à quoi elle répondit : « Ma sœur, le Seigneur y pourvoira. » La famine s'étant renforcée et le siége continuant, cette pauvre veuve qui étoit chargée de quatre enfants se trouva à l'étroit, et n'ayant plus absolument

qui avoient des moyens et qui avoient fait leur provision et qui ont toujours été assez bien nourris, ceux-là les faisoient, mais avec un prix excessif de vingt et vingt-cinq livres les grands pour hommes et femmes, et les autres moyens pour douze livres la pièce ; tellement que l'on fait état qu'ils ont gagné plus de trois à quatre mille livres pour cela seulement, étant employés à autre chose. On se servit de servantes et femmes pour les corps, et la plupart bien qu'ils fussent encoffrés, on les portoit dans des boyards, d'autres qui étoient portés par

nulles provisions, s'en vint vers sa belle-sœur la prier de la secourir ; mais au lieu de le faire, elle la couvrit de reproches, et lui dit qu'elle avoit bien prévu qu'elle en seroit réduite là, avec toute sa belle espérance et ses beaux mots : « Le Seigneur y pourvoira. » Et qu'à la bonne heure il y pourvût donc. Cette pauvre femme eut le cœur navré de ces paroles et s'en retourna toute confuse à la maison, résolue de prendre la mort en gré. Étant arrivée chez elle, elle vit ses enfants qui lui vinrent au devant avec une grande joie, et lui dirent qu'il étoit venu un homme qu'ils n'avoient pu connoitre à cause qu'il étoit tard, qui avoit heurté à leur porte, et aussitôt après, qu'elle lui eut été ouverte, y avoit jeté un sac de froment d'environ un boisseau et s'étoit retiré promptement sans leur dire autre chose. Cette pauvre femme ne croyant pas quasi à ses yeux, sort à l'heure même de la maison et le plus tôt qu'elle pût en l'état de grande faiblesse où elle se trouvoit, retourna au logis de sa belle-sœur, et lui dit d'un ton ferme dès aussitôt qu'elle la vit : « Ma sœur, le Seigneur y a pourvu. » Puis s'en retourna sans lui vouloir tenir nul autre propos. Au moyen de ce secours non attendu et venu si à propos, elle fila le temps jusqu'à l'entrée du Roi et jamais n'a su à qui elle devoit ce bienfait. »

F. Mervault.

des soldats et portefaix des plus forts et vigoureux, avec un grand prix, sur leur dos, jusqu'aux cimetières. Fort peu de peuple assistoit aux enterrements, si ce n'étoit des gens bien qualifiés et encore en fort petit nombre, et étoit-on contraint de laisser les corps de la plupart près des fosses sans être enterrés, et s'en est vu à diverses fois douze ou quinze corps dans le cimetière qu'on ne pouvoit mettre en leurs fosses tout à la fois d'autant qu'on les apportoit ordinairement à l'issue du prêche et des prières qui étoient sur les dix heures du matin et les quatre heures du soir, et crois qu'il s'en enterra en le reclos de la ville, tous les jours plus de cent-trente ou cent-cinquante.

Mort de plus a onze à douze mille âmes jusqu'à cedit jour.

Et fait-on état, jusqu'à ce-jourd'hui, qu'il est mort tant d'habitants, que hommes que femmes, jeunes et vieux, plus de onze à douze mille âmes pour les grandes privations, lesquelles étoient et crois qu'il n'est jamais ouï parler de nulle disette et où jamais on ait plus pâti, ni qui que ce soit jamais trouvé aucune histoire de siége où l'on ait plus enduré. Bref toutes choses à remarquer et à dire qu'il faudroit beaucoup de temps à rapporter. Or loué soit Dieu qui nous a fait trouver grâces, faveur et miséricorde envers notre bon Roi, lequel je prie le combler de toutes ses bénédictions et lui donner heureuse et longue vie et le préserver de tous maux !

— 74 —

*Retour des députés de cette ville et fut à même instant
sonné le conseil où ils furent ouïs.*

Le samedi, 28, M. le Maire fait sonner le conseil pour ouïr lesdits députés de cette ville sur les propositions faites au nom du Roi par M. le Cardinal et M. le comte de (Soissons?) et autres seigneurs qui y étoient, que l'on nous donneroit très bien l'exercice de notre Religion et l'honneur des femmes et des filles, sans aucun pillage, ce que le conseil trouva fort bon, et fut dressé articles pour cet effet et nommé pour adjoint auxdits députés y nommés M. Berne, sieur d'Angoulins, de Jousseran et du Pont de la Pierre, et M. de la Goutte, [1] conseiller du Roi, lesquels bougèrent à l'heure précise où M. Arnauld les attendoit à la porte de Cougnes, où ils allèrent jusqu'au fort de Beaulieu, et là leur fut présenté un carrosse pour aller audit lieu de la Sauzay, où étant, trouvèrent toutes les affaires disposées selon la promesse que l'on leur avoit faite, et furent accordés lesdits articles par ledit seigneur qui étoient de la

---

(1) Noble homme Daniel de Lagoutte, avocat du Roi au Présidial de 1596-1614, pair en 1606, député du Corps-de-Ville à l'Assemblée de la Rochelle en 1620, et aux Etats-Généraux de 1615, député vers le Roi en 1610, 1613, 1625. En 1627, en Angleterre, il avait épousé Marthe de Picassary dont il eut deux fils, Jean et Daniel, avocat, sénéchal, maître des eaux et forêts du comté de Benon. — Nous ignorons s'il faut rattacher à la même famille le colonel de dragon François-Xavier Delagoutte du Vivier, fait commandeur de la Légion-d'Honneur le 11 août 1869, après 41 ans de services.

part du Roi et qu'ils s'assuroient qu'en députant par devers Sa Majesté, le Roi leur accorderoit lesdits articles ; et couchèrent nosdits députés audit lieu de la Sauzay et ne revinrent que le lendemain matin.

Retour des députés de cette ville avec les articles accordés sous le bon plaisir du Roi.

Le dimanche, 29 dudit mois d'octobre, lesdits députés vinrent à porte ouvrante accompagnés de M. Arnauld, où ils apportèrent lesdits articles et qu'il falloit les homologuer au conseil pour les porter à Sa Majesté, qui pour lors étoit à Laleu, ce qui se fit à la même heure.

Arrivée des députés du conseil à Laleu, et miséricorde du Roi accordée à ceux de cette ville.

Et furent nommés audit conseil pour députés, M. Touppet, M. de la Vallée, [1] M. de Beaupreau, M. Huet, et M. Godeffroy, avocat, où ils bougèrent tous ensemble à l'après-dîner, accompagnés de plusieurs bourgeois de cette ville, et sortant à la porte Neuve ils vont trouver Sa Majesté au bourg de Laleu, où ils se jettent à genoux à ses pieds et le supplient selon ses bénignes grâces, ses faveurs et miséricordes accoutumées, les recevoir à merci et componction et leur donner la vie et de tous les habitants et soldats qui étoient demeurés de reste en cette ville, et lui présentent lesdits articles, les-

(1) Jacques Prévost, sieur de la Vallée.

quels Sadite Majesté, après les avoir vus, selon ses
grâces et faveurs accoutumées, leur accorde et leur
promet qu'il leur feroit entretenir de point en point,
et commande promptement de les faire expédier et
entériner lesdits articles, ce qui fut fait incontinent,
et retournèrent nosdits députés le jour même et
entrent à la porte des Deux-Moulins.

Entrée du régiment des gardes.

Le lundi, 30 dudit mois, le régiment des gardes
entre en cette ville sur le midi, et se va placer en
le Perrot et tout le long de la rive, et le régiment
des Suisses demeure à la porte de Cougnes et en
tout ce quartier de la ville neuve, sans que aucun
fit aucun tort ni déplaisir à pas un des habitants.

Entrée des vivres en grand nombre en la ville et à bon prix.

Et y entrent quelques vivres comme de pain et
de viande et fort peu qui se vend assez cher, mais
beaucoup à dire de ce qui s'étoit vendu durant le
siége, et y en eut qui en mangèrent en telle quantité
et abondance que plusieurs en moururent subi-
tement et d'autres qui en furent si malades qu'ils
en allèrent bien près.

Le mardi, dernier jour dudit mois, il entre grand
nombre de vivres en la ville, tant de pain, vin,
viande, volailles, qu'autres commodités, que toutes
choses se donnoient au même prix qu'ils se

vendoient à l'armée, et aussi que Sa Majesté fit publier, à peine de punition corporelle, de ne le vendre davantage.

Entrée du Roi en la Rochelle. — Retour du Roi à Laleu.

Le mercredi, 1ᵉʳ jour de novembre 1628, fête de Toussaint, le Roi fit son entrée en cette ville, sur les trois heures après midi, entra par la porte de Cougnes et fit descente au logis de Mᵐᵉ le Goux [1] où de là fut à Sainte-Marguerite [2] accompagné de tous les princes et seigneurs de la Cour et M. le Cardinal, où fut chanté le *Te Deum laudamus* et fut faite une très grande réjouissance par toute la ville, et surtout par les habitants, et fut tiré tout le canon de la ville et ceux qui étoient sur les vaisseaux près de la Chaîne. Ce fait, retourna, et s'en fut coucher à Laleu.

Le lendemain, jeudi, 2ᵐᵉ jour dudit mois, le Roi revint bon matin et fut ouïr la messe, vient dîner et tout l'après-dîner promène tout autour des fortifications de cette ville où il se parle de la faire démanteler et raser.

(1) Aujourd'hui hôtel de la bibliothèque et du musée de peinture.

(2) Eglise des Frères de la doctrine chrétienne.

Procession générale par la ville.

Le lendemain, vendredi, 3ᵐᵉ jour dudit mois de novembre, le Roi commande de faire tendre les principales rues de cette ville pour y passer la procession, ce qui fut incontinent fait, où le Roi assista à ladite procession accompagné de tous les princes et seigneurs de sa Cour, en très grand nombre, chose très belle à voir et où toutes choses étoient très bien ordonnées.

Commencement de la démolition des murailles de la Rochelle.

L'après-dîner, le Roi commande de travailler à la démolition des murailles, ce qui fut commencé en présence de Sa Majesté, depuis la porte Maubec jusqu'à la porte de Saint-Nicolas.

Le samedi, 4 dudit mois, le Roi fit cesser ladite œuvre et n'y fut point travaillé pour quelques considérations.

Sortie du régiment des gardes de la ville.

Le lundi, 6 dudit mois 1628, et les autres jours suivants, jusqu'au mercredi, les régiments des gardes et les Suisses furent commandés par Sa Majesté de sortir, et vient en leur place quatre régiments, savoir : celui de la Meilleray et du Plessis-Praslin, Castel-Bayard et de Chapes.

Le Roi sort de la ville et s'en retourne à Paris.

Le samedi, 18 dudit mois de novembre 1628, [1] le Roi bougea de cette ville pour s'en retourner à Paris, accompagné de tous les princes et seigneurs de sa Cour, et laissa ici pour intendant à la justice et à la police, M. de la Tuillerie, [2] et sur les gens de guerre qui sont quatre régiments et compagnies du régiment des gardes, M. de Vignolles et M. de Saint-Chaumont pour commander en Ré.

Le dimanche, 19 dudit mois 1628, le prêche fut fait au lieu de Saint-Yon par permission de tous ces Messieurs, jusqu'à ce que le Roi ait donné place

---

(1) Le journal de Pierre Mervault s'arrête au 18 novembre 1628.

(2) On a trouvé dans les vases de l'avant-port un jeton en cuivre très fruste frappé en 1629 en l'honneur de cet intendant. Sur un des revers on voit, dit le Mercure galant de décembre 1696, les armes de l'intendant (un sautoir accompagné de trois croissants et timbré d'un casque posé de face avec ses lambrequins) avec une légende dont voici le texte :

Mis G. COIGNET. DE. LA. THVIL. CON. DV. ROY. M^{tre} ORD. DES. REQVESTES. INT. DE. LA. IVSTICE. POL. FIN. ET. MAR. ES. PAIS. DE. POICT. XAINT. AVLN. VILLE. ET. G. DE. LA. ROCHELLE. ET. ISLES. ADIACENTES.

Sur l'autre revers est la ville de la Rochelle dans un enfoncement, sans murailles, ayant au-devant d'elle une justice qui la couvre, tenant sa balance dans une main et son épée dans l'autre, et pour légende ces mots latins : HÆC. MIHI. MVRVS. BRIT., et dans l'exergue : 1629.

pour le faire ailleurs, et prêcha ledit jour M. de Lhommaux [1] au premier prêche, et aux prières, M. Coulommiez. [2]

Le lundi, 27 dudit mois de novembre, fut commencée la démolition de tous les forts et lignes qui avoient été faits durant le siége, et y fit-on travailler plus de deux mille hommes. Premièrement on commença ledit jour à démolir le fort près la porte de Cougnes et celui y joignant comme on va au boulevard de l'Évangile et de les saper et miner.

Le dimanche, 10 décembre 1628, M. le Prince est venu en cette ville pour voir la digue et les forti-

---

(1) Samuel de Lousmeau, après avoir exercé quelque temps la profession de médecin, vint comme pasteur desservir l'Église de la Rochelle, en 1594, et y demeura jusqu'en novembre 1630. Il avait épousé en premières noces Marie Hamelot. Devenu veuf, il se remaria avec Anne Masse. Il assista au Synode national de Vitré en 1617, s'attira l'estime particulière de Duc Plessis-Mornay, et mourut en 1637. Son fils Pierre se fit remarquer, dès l'âge de dix ans, par sa profonde connaissance de la langue hébraïque.

(2) Hiérôme Colomiez, descendant d'une famille de Béarn, « très savant et grand prédicateur, » au témoignage du P. Brière, reçut l'imposition des mains de Merlin le 23 janvier 1600; devint en 1617 principal du collége, épousa, le 6 mai 1601, Louise Chastellier, et exerça le saint ministère jusqu'en novembre 1645. Il fut enseveli le 10 octobre 1647, à l'âge de soixante-douze ans environ, laissant un fils, Jean, médecin habile, père du célèbre érudit Paul Colomiez. Il fut député en 1614 au Synode national de Tonneins, et en 1616 à l'assemblée des six provinces de l'ouest. Cette maison portait « de gueules au château sommé de trois tours d'argent. »

fications, ce qu'il fit dès le lendemain, et le mardi, 12 dudit mois, s'en est allé, et n'avoit avec lui que vingt-cinq à trente chevaux.

Le lundi, de nuit venant au mardi, 12 dudit mois, la barque de Gabiou, passager de Marennes, [1] venant en cette ville, s'est perdue au travers des machines, à la digue, pensant passer d'un mauvais temps, et s'est perdu plus de soixante-dix à quatre-vingts navires, personne ne s'en étant sauvé que quelques trois ou quatre, dont étoit l'un ledit Gabiou, et capitaine du Roi de Chastain.

Le jeudi, 30 mai 1629, le régiment du Plessis-Praslin est sorti de cette ville, sur les six heures du matin, et s'en est allé loger à Saint-Laurent et à Fouras pour s'en aller trouver le Roi.

Le lundi, 8 d'octobre 1629, est sorti de cette ville

---

(1) Il existe une famille ancienne et honorable de ce nom, dans l'arrondissement de Marennes, qui professe encore aujourd'hui le culte réformé.

« Le beau temps finit le jour même de la capitulation, dit
» Pontis ; le 7 novembre suivant, la mer fut si furieusement
» agitée qu'elle rompit quarante toises de la digue, et le vaisseau
» du chevalier de la Fayette, poussé par un coup de vent dans
» le port, rompit trois ou quatre machines sans s'endommager,
» de manière que si Guiton se fut entêté de tenir encore un mois,
» comme il l'auroit pu, nous étions en grand danger de perdre
» en un jour le fruit de tant de travaux et d'un si long siége.
» Le mauvais temps joint à la rupture de la digue auroit infailli-
» blement procuré du secours aux assiégés »

huit compagnies du régiment de Chappes pour s'en aller en Ré, et ont embarqué au Plomb, et le lendemain, 9 dudit mois, repassent sept ou huit compagnies du régiment des gardes qui étoient en Ré, et descendirent au Plomb et furent loger à la Jarne pour aller pareillement trouver le Roi.

Le lundi, 8 d'octobre 1629, les régiments de M. de Castel-Bayard et celui de M. la Meilleraye sortirent de garnison de cette ville par le commandement du Roi et furent ledit jour loger, savoir, celui de Castel-Bayard à Bouet et ès lieux circonvoisins, et celui de la Meilleraye à Saint-Sauveur de Nuaillé, à Ferrières et à Saint-Jean de Liversay.

Le 3 ou 4 de juillet 1630 fut commencée à démolir la citadelle de Ré par le commandement du Roi, et y passa M. de Saint-Chaumont pour cet effet, comme gouverneur de cette île de Ré.

Le Registre du Greffe des Conseils tenus en la maison commune de l'Eschevinage de la Rochelle, au son de la cloche et manière accoustumée par Messieurs les Maires, Eschevins, Conseillers et Pairs de laditte ville en la mairie de Jean Godeffroy, escuier, s^r du Richard, eschevin de laditte ville (1627), s'ouvre par la *Prière pour l'entrée du Conseil* et l'*action de grâces après le Conseil*, suivies des listes que nous reproduisons pour la première fois.

MATRICULLE de Messieurs les Maire, Eschevins, Conseillers et Pairs du Corps et Collége de la Maison Commune de la ville de la Rochelle, selon l'ordre qu'ils ont été appelléz en la grand'chambre, le dimanche, jour de Quasimodo, trantiesme d'apvril mil six cent vingt-huict, en la mairie de Jean Godeffroy, escuyer, sieur du Richard :

MONSIEUR LE MAIRE.

Cess eus :

Jean Guiton, escuier ;
Jean Berne, escuier.

Maires :

Marc Pineau l'aisné, escuier ;
Jean Thévenin l'aisné, esc.;
Isaac Blandin l'aisné, esc.;
François Prévost, escuier ;
Jean Thévenin, escuier ;
Jacques David, escuier ;
Paul Yvon, escuier ;
Jean Prou, escuier ;
Isaac Blandin, escuier ;
Estienne Gauvaing, escuier ;

André Touppet, escuier.

Eschevins :

Josué Gargoulleau, escuier ;
Jacques Chollet, escuier ;
Jean Gendrault, escuier ;
Jean Pascault, escuier ;
Pierre Thévenin, escuier ;
Samuel Guillemin, escuier ;
Charles Coullon, escuier ;
Pierre Guillaudeau, escuier ;
Mathieu Denebault, escuier ;
Jean Demirande, escuier.

Esleus :

Noble homme Joël de Lorrière ;

Jean Huet, escuier;
Noble homme Pierre Tallemant;
Noble homme Benjamin de la Salle;
Noble homme David Papin;

Pairs:

Pierre Viette l'aisné;
Jean David, escuier;
Jean Dujau, escuier;
Mre Daniel de la Goutte;
Henry Guiton, escuier;
Gabriel Manigault;
André David, escuier;
Mre François de Bousscreau;
Moyse Hoyssard;
Mre Simon Thévenin;
Michel Reau;
Jacques Ozanneau;
Jean le Royer;
Jacques Billaud;
Jacques Mignonneau, esc.;
Mre Jean Gaschot;
Jean Deschamps;
Jean Broussard;
Samuel Georges;
Israël Torterue;
David Maurat;
Jean Papin;
Jean Torterue;
Estienne d'Harriette;
Josué Guillen;
Jean Bernon;

François Piguenit, escuier;
Abraham Tessereau;
Jean Berchault;
Jacques Cochon, escuier;
Jean Tharay;
Jean Payault;
Jean Grenouilleau;
Jacques Sicault,
Daniel Gilles;
Daniel Braignau;
Daniel Guiton, escuier;
Isaac Manigault;
Pierre Touppet;
Paul Cognard;
Pierre Raclet;
Estienne Godeffroy, escuier;
Pierre Oyseau;
Mre Jacques Riffauld;
Samuel Bernardeau;
Pierre Mignot;
Pierre Dacherin;
Paul Mervault;
Antoyne Allaire;
Jacques Loyault;
Jacob Guibert, escuier;
Jean Sarrault;
Jacques Prévost, escuier;
Abraham Portus;
Jacques Aigret;
Mre Mathieu Tessereau;
Samuel Bounault;
Estienne Gaschot;
Jacques Bibault;
Henry Bardet;
Marc Pineau, escuier;

Jean Périer ;
Jacques Vacher, escuier ;
Jean Girauld ;
Jacques Godeffroy, escuier ;
Daniel Barrault ;
Pierre Viette ;
Jacques Robin ;

Samuel Tartas ;
Louis Gardes ;
M⁰ Michel Brunet ;

Samuel Mercier, reçu le 27 avril 1627, à la place de Jean de Berrandy.

OFFICIERS nommés par Messieurs les Eschevins assemblés en leur chambre le jeudy après Quasimodo, et acceptés par Jean Godeffroy, escuier, pour faire leur charge en la présente année, dont pour cet effet ils ont presté le serment :

Conseillers :

Pierre Thévenin ;
Jean Thévenin ;
Samuel Guillemin ;
François Prévost ;
Charles Coullon ;
Jean Prou ;
Pierre Guillaudeau ;
Estienne Gauvaing ;
André Touppet ;
Marc Pineau ;
Mathieu Denebauld ;
Jean Demirande.

Coadjuteurs à la justice :

Jean Thévenin, l'aisné ;
Jean Berne ;
Abel Barbot ;
Charles Coullon.

Secrétaire des Conseils :

Jean Gaschot ;
Henri Guiton ;
Jean Deschamps.

Procureur de ville :

Samuel Georges ;
Israël Torterue ;
Isaac Manigauld.

Trésorier :

Moyse Huyssard ;
David Maurat ;
Jean Grenouilleau.

Mre d'œuvre :

Jean Bernon ;
Pierre Raclet ;
Jacques Cochon.

Conterolleurs de l'œuvre :

Abraham Tinault ;
Jacques Mercier ;

Pierre Sansson.

Cappitaine de la tour Saint-Nicolas :

Estienne d'Harriette ;
Pierre Mestayer ;
Jean Broussard.

Cappitaine de la tour de la Chesne :

Jacques Riffauld ;
Jean David ;
Jean Berchauld.

Cappitaine de la tour du Garrot :

Daniel Braignau ;
André David ;
Jean Baunay.

Jeudy, 4me jour de may 1628 :

Maire : Jean GUITON, escuier, eschevin cy-devant.

Conseillers :

Jean Thévenin l'aisné ;
Josué Gargoulleau ;

Jacques Chollet ;
Jean Berne ;
Isaac Blandin ;
Paul Yvon ;

Jacques David ;
Jean Gendrault ;
Isaac Blandin l'aisné ;
Jean Pascault.
Jean Godeffroy.

Pour Coadjuteurs à la Justice :

Jean Guiton ;
Jacques David ;
Pierre Guillaudeau ;
Estienne Gauvaing.

Pour Secrétaire des Conseils :

Jean Gaschot ;
Jacques Mignonneau ;
Pierre Raclet.

Pour Procureur de ville :

Samuel Georges ;
Gabriel Manigauld ;
Jacob Guibert.

Pour Trésorier :

Isaac Manigault ;
Pierre Oyseau ;
Abraham Portus.

Pour Mre d'œuvre :

Samuel Bernardeau ;

Pierre Mignot ;
Antoyne Allaire.

Pour Conterolleur de l'œuvre :

Samuel Pagez ;
Abraham Moucheron ;
Jean Sauvaget.

Pour Cappitaine de la tour Saint-Nicolas :

Jacques Cochon ;
Jean Berchault ;
Pierre Dacherin.

Pour Cappitaine de la tour de la Chesne :

Jean Sarrault ;
Jean Papin ;
Jean Grenouilleau.

Pour Cappitaine de la tour du Garrot :

Jacques Prévost ;
Jean Payault ;
Daniel Gilles.

TABLE

Construction du fort Louis.	7
Apparition de l'armée angloise	9
Jeûne célébré à la Rochelle	9
Arrivée de M. de Soubise à la Rochelle	10
Descente de l'armée angloise devant l'île de Ré.	12
Combat et mort des principaux de l'armée du Roi	12
Proposition faite par M. de Soubise à Messieurs de cette ville.	13
Nouvelles de la descente des Anglois	14
Mort de M. de Saint-Blancard	14
Réponse faite par le conseil à M. de Soubise	14
Descente de la cavalerie angloise et du canon	14
Députés nommés par le Corps-de-Ville pour aller au-devant du duc de Buckingham	15
Retour de M. de Soubise en l'île de Ré	15
Départ des députés de la Rochelle	16
Descente du duc de Buckingham avec le reste de son armée	16
Retour des députés	17
Thoiras quitte Saint-Martin et se retire à la citadelle	17
Sommation faite aux défenseurs de la citadelle	18
Réponse de Thoiras	18
Investissement de la citadelle	18
Conspiration contre le duc de Soubise	19
Entrée du duc d'Angoulême en ce gouvernement	20
Députation des Rochelois au duc d'Angoulême	21
Fort du Fournau construit par les Rochelois	23

Forts de Bongraine et de la Moulinette	24
Fort de Courcilles	25
Secours venus à l'île de Ré aux Anglois	25
Arrivée du frère du Roi à Aytré	25
Retour de M. de Soubise à la Rochelle	26
Commencement du fort de Courcilles	26
Second ravitaillement de la citadelle de Ré	27
Prise des barques qui essayèrent le ravitaillement	27
Ravitaillement fait par de Razilly	28
Retour des députés de la Rochelle qui font pressentir le départ des Anglois	29
Prise du fils de la Richardelle	30
Réception de deux cents Anglois conduits par M. des Herbiers	30
Envoi à l'île de Ré des soldats Rochelois à la place des Anglois	31
Secours envoyé au fort de la Prée qui est repoussé par les Anglois	31
Alarme dans la ville par suite de l'incendie de la maison de M. Guillen	32
Descente à Sainte-Marie de ceux du parti du Roi	33
Rembarquement de l'armée angloise et de M. de Soubise	33
Départ de l'armée navale angloise	34
Les députés de la Rochelle rejoignent l'armée angloise	34
Le capitaine Bragneau porte des rafraichissements à l'armée angloise	35
Le fort de Tasdon attaqué par l'armée du Roi	36
Arrivée d'Angleterre de la patache du capitaine David	38
Arrivée d'Angleterre de la patache du capitaine Martin dit Sacremore	39
Convocation de tous les habitants de la ville	40
Arrivée de navires anglois pour ravitailler la ville	41
Entrée du capitaine Vidault	43
Retour des navires venus pour ravitailler la ville	43
Arrivée de Lalande venant d'Angleterre	44

Arrivée du sieur de Saint-Martin, venant d'Angleterre avec lettre du Roi et des députés. 44
Arrivée de Feret à l'armée du Roi avec lettres et mémoires d'Angleterre 45
Prise de M. de la Grossetière venant d'Angleterre. . . 45
La Roze pendu comme traître 46
Emprisonnement de M. l'assesseur Collin 46
Départ de MM. des Martres et de Ferrières, conseillers en cette ville. 48
Prise de M. de Feuquières. 48
Retour du sieur Arnault 50
Députation à M. le Cardinal 50
Arrivée des sieurs Mainier et Beaumont portant de nouvelles lettres de l'armée angloise 51
Prix que valoit le blé et les autres munitions avant le retour de l'armée angloise. 52
Arrivée du nommé Martin, portant des nouvelles de l'armée angloise 54
Arrivée de M. Champfleury venant par terre d'Angleterre 56
Le comte de Laval sur la flotte angloise 56
Arrivée de l'armée angloise pour secourir la Rochelle, le 28 septembre 1628. 57
Arrivée de quelques navires anglois par Antioche. . . 61
L'armée angloise lève l'ancre feignant de vouloir se battre 61
L'armée angloise met à la voile pour la troisième fois pour combattre 63
Arrivée de Chardavoine et la Verdure venant de l'armée angloise 63
Arrivée d'un gentilhomme de la part du Roi au faubourg de Tasdon. 64
Retour d'Arnault et nomination de députés pour s'aboucher avec lui. 64
Avantage de l'armée navale du Roi sur l'armée angloise 67
L'armée angloise lève l'ancre pour la quatrième fois pour combattre. 67

Feu mis à la porte de M. le Maire pour la seconde fois	68
Feu mis au râteau de la porte de Cougnes	68
Arrivée de M. Champservier venant de l'a.mée angloise	68
Arrivée pour la troisième fois de M. Arnault à Tasdon	68
Arrivée d'un tambour portant un passeport de M. le Cardinal pour nos députés pour aller le trouver au lieu de la Sauzaye	69
Mort de plusieurs habitants de faim	69
Mort de plus de onze à douze mille âmes	73
Retour des députés et convocation du conseil	74
Les députés reviennent avec les articles accordés sous le bon plaisir du Roi	75
Entrée des vivres à la Rochelle en grand nombre et à bon prix	76
Entrée du Roi à la Rochelle	77
Retour du Roi à Laleu	77
Procession générale par la ville	78
Commencement de la démolition des murailles de la ville	78
Sortie du régiment des gardes de la ville	78
Le Roi sort de la ville et s'en retourne à Paris	79
Matricule inédite des Maire, Échevins, Conseillers et Pairs du Corps-de-Ville de la Rochelle, 1627-1628	84

ERRATA

Page 11, note (1), au lieu de : René II, *comte* de Rohan, lisez : René II, *vicomte* de Rohan.

Page 80, note (1), au lieu de : *Duc* Plessis-Mornay, lisez : *Du* Plessis-Mornay.

La Rochelle, imprimerie A. Thoroux.

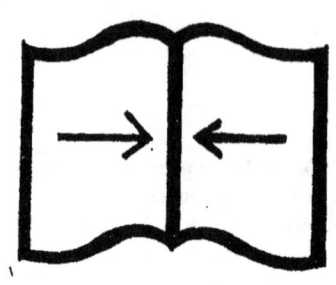

RELIURE SERREE
Absence de marges
intérieures

Siege de la Rochelle

Le mardy 20e de Juillet 1627 Par
les Anglois arrivé avau Roÿs y la P
Led. Jour en la rade du S. of et
Capital bourg de ladÿse f d Ré

Le Mercredy ai. dud. moys   ledic
Jauin en patrouille a Ston ÿ rem
mous. P. de laucien fuidurely ÿou vn
quy estoit de la qualité de p. P
le faire q luy gentilhomme anglois
vouteu du gouȷ et gouẏeũo de Lossre
Dezivoit par la a mons. le maior de la
de bouringnas Ch. of. sarm.tt naualle
Led. maire pour aduertir de la prise

www.ingramcontent.com/pod-product-compliance
Lightning Source LLC
LaVergne TN
LVHW050631090426
835512LV00007B/783